LOUER
UN BIEN IMMOBILIER

Groupe Eyrolles
61, Bd Saint-Germain
75240 Paris Cedex 05
www.editions-eyrolles.com

De Particulier à Particulier
45, rue du Cardinal-Lemoine
75239 Paris Cedex 05
www.pap.fr

Coordonné par Jean-Michel GUÉRIN
avec la collaboration de Charlie CAILLOUX

LOUER UN BIEN IMMOBILIER

EYROLLES

Dans la même collection :

- Acheter son bien immobilier
- Gérer les relations de voisinage
- La copropriété
- Vendre son bien immobilier

Sommaire

Deuxième partie
La fiscalité des locations

Introduction

Louer un logement, c'est simple ! Le recours à un professionnel n'est jamais indispensable. Pour louer entre particuliers, il suffit simplement de suivre quelques conseils.

Louer, c'est d'abord bien connaître les rapports locatifs. Il existe deux grands types de location : la location vide et la location meublée.
- La location vide à usage principal d'habitation est régie par la loi du 6 juillet 1989. Cette loi protectrice du locataire, dont la plupart des dispositions sont impératives, laisse peu de liberté aux parties pour la rédaction de leur contrat.
- La location meublée, qui comprend la location saisonnière, est moins encadrée. Elle échappe notamment en grande partie aux dispositions de la loi du 6 juillet 1989.

Louer, c'est aussi percevoir des loyers. En matière de fiscalité, la distinction entre la location vide et la location meublée existe également. Les loyers issus de la location vide entrent dans la catégorie des revenus fonciers. En revanche, le fisc considère la location meublée comme une activité commerciale et qualifie les loyers perçus de bénéfices industriels et commerciaux (BIC).

De la recherche du locataire à l'imposition des loyers en passant par la rédaction du contrat, ce guide, à jour des dernières réformes, vous donne le mode d'emploi pour louer en toute sérénité.

Première partie

Les différents types de location

La loi du 6 juillet 1989 fait une distinction entre la location vide et la location meublée. Le législateur a estimé que lorsqu'un locataire loue un logement vide, il s'installe à long terme puisqu'il apporte ses meubles. À l'inverse, le locataire d'un logement meublé n'entend pas rester de manière pérenne, il habite le logement provisoirement.

Pour cette raison, le législateur a accordé une protection supérieure au locataire d'un logement vide. Aujourd'hui, la distinction entre les deux types de location tend à s'amenuiser, notamment lorsque le logement loué meublé constitue la résidence principale du locataire.

Cette partie détaille successivement la location vide et la location meublée avant d'aborder la location saisonnière qui est spécifique et peu encadrée par la loi.

La loi du 6 juillet 1989 est une loi :
- d'ordre public (= impérative) : il n'est pas possible de déroger à ses dispositions par une clause contraire dans le contrat de location ;
- protectrice du locataire : elle limite l'évolution du loyer, impose une durée minimale au contrat et encadre les modalités du congé.

Les principes de base

L'identification du local

Le preneur (le locataire) doit savoir ce qu'il va louer. On s'attachera donc, dans le contrat, à décrire précisément le local loué, en y mentionnant les éléments permettant d'identifier le local privatif ainsi que les parties communes. On précisera donc l'adresse, le bâtiment, l'étage et le numéro de lot.

La consistance du local

L'article 3 de la loi du 6 juillet 1989 oblige à préciser « la consistance de la chose louée ». Entendez par là spécifier s'il s'agit d'un appartement, d'une maison, d'une chambre de service, etc.

Depuis la loi de Mobilisation pour le logement et de lutte contre l'exclusion du 25 mars 2009 dite « loi Boutin », les loueurs de logements vides doivent mentionner dans le contrat la surface habitable du logement (selon une méthode de calcul prévue par la loi).

La surface habitable

La surface habitable correspond à la surface de plancher construite, après déduction des surfaces occupées par les murs, cloisons, marches et cages d'escaliers, gaines, embrasures de portes et de fenêtres.

La loi n'interdit pas de réaliser ce métrage soi-même. Toutefois, le recours à un professionnel est fortement recommandé. En effet, même si la loi à ce jour n'a prévu aucune sanction spécifique, le locataire lésé par une mesure erronée pourrait exiger une diminution du loyer.

À suivre...

Un projet de loi visant à renforcer les droits, la protection et l'information des consommateurs, présenté le 1er juin 2011, entend sanctionner l'obligation de préciser la surface habitable du logement. Ce projet donne la possibilité au locataire de contester le montant du loyer lorsque la surface du logement n'est pas indiquée ou lorsque la surface indiquée n'est pas correcte. Ainsi, lorsque la surface indiquée dans le contrat est supérieure de plus 5 % de la surface réelle, le loyer pourrait subir une diminution proportionnelle à l'erreur constatée.

Conseil

Faites réaliser le calcul de la superficie en même temps que les diagnostics obligatoires.

☞ *Pour obtenir l'attestation de superficie*
ainsi que les diagnostics obligatoires,
vous pouvez faire appel au service Diagnostics
du groupe De Particulier à Particulier.
Tél. : 01 40 02 95 00 – www.pap.fr.

La description des locaux

Le contrat doit préciser la désignation des locaux et des équipements à usage privatif dont le locataire a la jouissance exclusive. Il sera donc nécessaire de mentionner le nombre de pièces, les sanitaires existants, les aménagements restants (exemple : bibliothèque ou radiateurs encastrés, vide-ordures intérieur, chauffage et production d'eau chaude, etc.). Bref, il est nécessaire de décrire et d'indiquer ici, tout ce qui existe dans le local et ses annexes (cave, garage, etc.).

Contrairement à une idée couramment répandue, cette description ne fait pas double emploi avec l'état des lieux ; dans le contrat, on se contente d'énumérer les pièces et les éléments d'équipement, alors que dans l'état des lieux, on précise en plus leur état.

Les parties communes

Cette clause n'intéressera, bien entendu, que les habitations situées dans un ensemble collectif, souvent en copropriété : un appartement dans un immeuble, une maison dans un nouveau village.

On y trouvera énumérés, par exemple, l'ascenseur, le local à bicyclettes ou pour les voitures d'enfant, les aires de jeux, les parkings collectifs, la piscine, les espaces verts, etc.

La destination du local loué

C'est l'usage auquel le local est destiné et, vu le champ d'application de la loi du 6 juillet 1989, il ne peut y avoir qu'une alternative :
- exclusivement à usage d'habitation ;
- à usage mixte d'habitation et de local professionnel.

Notez que la mention de cette affectation du local est très importante : elle garantit le bailleur (le propriétaire) contre une utilisation abusive du local.

Elle garantit aussi le preneur en offrant à ce dernier la possibilité d'intenter une action en dommages-intérêts contre le bailleur qui aurait prévu un usage mixte, alors que le règlement de copropriété n'autorise que l'habitation et interdit l'usage professionnel des locaux.

L'information du locataire sera enfin complétée par un ensemble de documents à annexer au contrat, par exemple « l'état des lieux ».

L'occupation du local

L'article 2 de la loi du 6 juillet 1989 dispose que la loi ne s'applique qu'aux locaux à usage d'habitation principale, c'est-à-dire ceux que le locataire occupe au moins huit mois par an à moins que sa profession, sa fonction ou tout autre motif légitime ne justifie une occupation d'une durée moindre.

En conséquence, tout local loué en tant que résidence secondaire ou toute location saisonnière est exclu des dispositions de la loi 6 juillet 1989.

Un local vide ou meublé

La loi du 6 juillet 1989 ne s'applique pas aux locaux meublés, sauf en ce qui concerne l'obligation de délivrer un logement décent et de fournir au locataire les diagnostics (plomb, performance énergétique et risques naturels et technologiques).

La situation géographique

La loi du 6 juillet 1989 ne contient aucune limitation géographique quant à son domaine d'application. Elle concerne donc tous les locaux loués en France métropolitaine et dans les départements d'outre-mer à l'exclusion des territoires d'outre-mer.

Les locations concernées

Avant d'examiner le domaine d'application de la loi du 6 juillet 1989, rappelons encore que celle-ci est d'ordre public. Cela signifie que nul ne peut y déroger par un contrat constatant l'accord de l'une et l'autre des parties. Si vous êtes bailleur, il est donc impossible de convenir avec votre locataire d'une clause qui serait contraire à la loi, car celle-ci serait réputée non écrite (ce serait le cas d'une clause prévoyant un dépôt de garantie de deux mois).

Un local ancien ou récent

Le local doit être « décent » conformément au décret du 30 janvier 2002 que nous aborderons plus précisément dans le paragraphe relatif à l'état du logement.

Si tel n'est pas le cas à l'entrée du locataire dans les lieux, celui-ci dispose de recours.

☞ *Voir le paragraphe « La sanction de l'obligation de décence ».*

Les locations exclues de la loi du 6 juillet 1989

Les logements de fonction

Les logements loués par des employeurs qui logent leur personnel échappent à la loi du 6 juillet 1989. Ces locations sont donc exclusivement soumises à la convention des parties et au Code civil. Ainsi, le montant du loyer et la durée du bail et de son renouvellement sont libres. Afin d'éviter tout litige, il convient de préciser dans le contrat que celui-ci constitue l'accessoire du contrat de travail liant les parties (article 2 de la loi du 6 juillet 1989).

Les locations meublées et les locations saisonnières

La loi du 6 juillet 1989 ne concerne ni les meublés, sauf en ce qui concerne l'obligation de délivrer un logement décent et de fournir au locataire des diagnostics, ni les locations saisonnières.

Les locaux strictement professionnels

Nous l'avons déjà précisé : les locaux affectés exclusivement à l'usage d'une profession (sans habitation) sont hors du champ d'application de la loi. Cela concerne au premier chef les professions libérales (avocat, médecin…). Pour ce type de bail, ce sont les articles 1713 à 1762 du Code civil ainsi que l'article 57 A de la loi Méhaignerie qui s'appliquent. Le contrat est obligatoirement conclu pour une durée minimale de six ans.

Les locaux commerciaux

Ces locaux ne sont pas concernés par la loi du 6 juillet 1989 mais par les articles L. 145-1 et suivants du Code de commerce.

Les locations constituant un mode d'accession à la propriété

Il s'agit principalement de la « location-accession » régie par la loi du 12 juillet 1984. Cette formule permet à l'accédant d'avoir la jouissance du logement avant d'en être le propriétaire. Durant cette période, il versera une redevance mensuelle dont une partie s'imputera sur le prix de vente. Le contrat de location-accession, ne constituant pas un titre locatif, exclut par nature de la loi du 6 juillet 1989 les locaux qui en font l'objet.

Les locations d'emplacement pour le stationnement des véhicules

Les garages, boxes ou parkings, les emplacements pour bateaux, caravanes, et le cas échéant, la location d'un jardin échappent à la loi du 6 juillet 1989 sauf s'ils dépendent d'un local soumis à cette loi.

Exemple : Le cas des parkings

Vous louez un trois pièces avec parking, par un même contrat : le trois pièces est soumis à la loi du 6 juillet 1989, le parking aussi.
Vous louez un parking seul : la loi du 6 juillet 1989 ne s'applique pas.

Les autres locations exclues

Pour mémoire, rappelons que sont aussi exclus de la loi du 6 juillet 1989 :

- les baux ruraux ;
- les logements foyers.

Les locations partiellement soumises à la loi du 6 juillet 1989

Certains locaux, auxquels s'appliquent déjà des réglementations spéciales, ne sont soumis que partiellement à la loi du 6 juillet 1989. Il s'agit des locations du secteur HLM ainsi que de logements qui ont fait l'objet d'une convention avec l'État.

Le contrat de location

L'article 3 de la loi du 6 juillet 1989 oblige les parties à signer un contrat écrit. Avant d'examiner le contenu du contrat, penchons-nous sur le choix du locataire.

L'interdiction des discriminations

Si le bailleur dispose d'une liberté dans le choix de ses locataires, rappelons que ce choix ne peut reposer sur un critère discriminatoire (origine, apparence physique, âge, sexe du locataire, etc.) comme le rappelle l'article 1er de la loi de 1989.

En cas de discrimination avérée, le propriétaire encourt des peines sévères : trois ans d'emprisonnement et 45 000 € d'amende (articles 225-1 et suivants du Code pénal).

Concernant la caution, la loi interdit de refuser la personne proposée comme garant :
- au motif qu'elle ne possède pas la nationalité française ;
- au motif qu'elle ne réside pas sur le territoire métropolitain. Cette seconde interdiction a été introduite par la loi portant Engagement national pour le logement du 13 juillet 2006 (*JO* du 16 juillet) afin qu'un bailleur ne puisse dorénavant plus refuser un locataire parce que son garant réside outre-mer.

Les pièces à demander au candidat à la location

Le choix d'un locataire se fait essentiellement en fonction de sa solvabilité : il est souhaitable d'exiger du candidat des ressources minimales, c'est-à-dire représentant idéalement au moins trois fois le montant des loyers et charges.

Pour vérifier ces ressources, vous pouvez demander au candidat :
- son contrat de travail ;
- ses derniers bulletins de salaire ;
- son dernier avis d'imposition ;
- un relevé d'identité bancaire ;

> – le cas échéant, la ou les dernières quittances de loyer du loge-
> ment qu'il a occupé (pour s'assurer ainsi qu'il n'est pas
> « indélicat »).

Si le candidat propose une caution solidaire, il convient d'en vérifier également la solvabilité : les mêmes pièces doivent donc être fournies par le garant.

Les documents qu'un propriétaire ne peut exiger du candidat locataire

Le propriétaire ne peut pas lui demander les documents suivants :
- sa photographie d'identité, hormis celle de la pièce justificative d'identité ;
- sa carte d'assuré social ;
- la copie de son relevé de compte bancaire ou postal ;
- une attestation de bonne tenue de son compte bancaire ou postal ;
- une attestation d'absence de crédit en cours ;
- une autorisation de prélèvement automatique ;
- le jugement de divorce, à l'exception du paragraphe commençant par l'énoncé : « Par ces motifs » ;
- une attestation du précédent bailleur indiquant qu'il est à jour de ses loyers et charges, dès lors que celui-ci peut présenter d'autres justificatifs ;
- une attestation de son employeur, dès lors qu'il peut fournir son contrat de travail et ses derniers bulletins de salaire ;
- le contrat de mariage ;
- le certificat de concubinage ;
- un chèque de réservation de logement ;
- son dossier médical personnel, sauf en cas de demande de logement adapté ou spécifique ;
- son extrait de casier judiciaire ;
- plus de deux bilans d'activité pour les travailleurs indépendants.
- la copie des informations contenues dans le Fichier national des incidents de remboursement des crédits aux particuliers (FICP) ou de l'information de la non-inscription à ce fichier.

La signature du contrat

Le contrat doit être signé par le bailleur et par le preneur. Il doit comporter le nom et le domicile réel du propriétaire et le cas échéant, celui de son mandataire. Le bailleur peut être une personne morale (entendez par là une société, une association, etc.) ou une personne physique (un particulier).

- Si le bailleur est une personne morale, il faut s'assurer que le signataire est dûment habilité à le signer.
- Si le bailleur est une personne physique, il est nécessaire qu'elle soit légalement capable (ceci étant également vrai pour le preneur), non placée sous tutelle ou protégée par la loi.

  Pour l'application de la loi du 6 juillet 1989, il faut assimiler aux bailleurs personnes physiques :
  - les porteurs de parts de SCI d'attribution ;
  - la société civile constituée entre parents et alliés jusqu'au 4e degré inclus.

Le nombre d'exemplaires du contrat

Chacune des parties, bailleur et preneur, doit disposer d'un exemplaire original du contrat de location (article 1325 du Code civil).

Un troisième exemplaire (ou tout du moins une copie du contrat) doit être établi et fourni à la caution solidaire.

Le contrat type

Rien n'interdit au bailleur de préparer sur papier libre autant d'exemplaires de bail qu'il sera nécessaire, dès lors qu'il inclut toutes les mentions prévues par l'article 3 de la loi du 6 juillet 1989. Cependant, pour aider la tâche des particuliers, il existe des contrats types qu'il est fortement recommandé d'utiliser.

Nous allons donc voir, au cas par cas, le nombre d'exemplaires qui doivent être établis et les personnes qui doivent les signer.

Les personnes mariées

- Côté bailleur : un des époux, que ce soit le mari ou la femme, peut seul signer un bail d'habitation portant sur un bien appartenant à la communauté.
- Côté preneur : un seul exemplaire revêtu de la signature d'un des époux suffit. Effectivement, l'article 1751 du Code civil pose très clairement le principe de la cotitularité du bail : « *Le droit au bail du local, sans caractère professionnel ou commercial, qui sert effectivement à l'habitation des deux époux, est, quel que soit leur régime matrimonial et nonobstant toute convention contraire, et même si le bail a été conclu avant le mariage, réputé appartenir à l'un et l'autre des époux.* »

En clair, quel que soit le régime matrimonial, la signature d'un seul conjoint engage l'autre. En effet, le couple est légalement co-titulaire du bail, et ce, même si le contrat a été consenti à un seul des deux époux ou encore si le bail a été signé avant le mariage. De plus, cette cotitularité perdure même si le couple est séparé. Seul un jugement de divorce peut y mettre fin.

Les personnes non mariées

Il s'agit des concubins, des partenaires liés par un pacte civil de solidarité (Pacs) ou encore des colocataires qui souhaitent louer un logement ensemble. Un seul contrat est suffisant, celui-ci peut revêtir la signature d'une seule personne ou des deux qui vont vivre ensemble dans le logement loué.

Si les deux personnes signent le bail, elles sont toutes deux locataires et donc titulaires des droits et obligations résultant du contrat. C'est la situation la plus protectrice pour des personnes vivant ensemble sans être mariées.

Si une seule personne signe le bail, seule celle-ci est locataire, l'autre est seulement hébergée et n'a donc aucun droit sur le logement.

Et si l'occupant veut apparaître sur le bail par la suite ?

Le concubin non signataire du bail ne peut imposer au propriétaire bailleur de le faire figurer sur le contrat. Cependant, le bailleur a tout intérêt à accepter cette demande car cela renforce la solvabilité de son cocontractant.

On peut ajouter le nom du concubin par simple avenant au contrat principal.

On peut également choisir de refaire un contrat, mais cette solution est plus complexe et fait repartir le bail pour trois ans dans le cas d'une location vide.

Le bailleur ne peut interdire à un locataire de faire apparaître sur la boîte aux lettres le nom de son concubin non signataire du bail. En effet, la jurisprudence affirme que le locataire ne peut être privé de son droit d'héberger quelqu'un et que le bailleur n'a aucun droit de regard ni d'ingérence sur la vie privée de son locataire.

Les bailleurs en indivision

L'indivision est la situation dans laquelle plusieurs personnes sont propriétaires d'une même chose, chacun pour une quote-part, ces droits ne s'exerçant pas sur une partie déterminée du bien mais sur l'ensemble du bien indivis. C'est notamment la situation dans laquelle se trouvent les héritiers à l'ouverture de la succession du défunt.

Ainsi, par exemple, à la suite du décès de leurs parents, trois frères et sœurs décident de louer le logement dont ils ont hérité. Il suffira d'établir un seul exemplaire pour les trois personnes, mais le bail devra être signé par chacun à moins qu'un des propriétaires ait le mandat des deux autres pour signer à leur place.

Les personnes ayant un droit d'usage et d'habitation et les usufruitiers

Nous rappelons qu'une personne qui n'a qu'un droit d'usage et d'habitation ne peut louer le local pour lequel ce droit lui a été octroyé.

En revanche, si la personne a un droit d'usufruit, elle peut, sans l'autorisation du nu-propriétaire louer (à condition que le bail n'excède pas une certaine durée fixée par l'article 595 du Code civil). Il s'agit essentiellement des baux conclus pour une durée supérieure à neuf ans, et notamment des baux commerciaux. Dans ce cas, un exemplaire suffit, revêtu de sa seule signature.

L'enregistrement du contrat

Il n'est plus obligatoire d'enregistrer les contrats de location à durée limitée ; la loi du 6 juillet 1989 n'a pas exigé cette formalité. Il est vrai que cette démarche a pour effet de donner une date certaine au contrat et d'éviter toute contestation quant à son point de départ. Précisons que cette formalité est à acquitter par la partie qui en fait la demande.

Dans le cas où le contrat est enregistré (à la recette fiscale du domicile de l'une ou l'autre des parties ou du lieu où est situé le bien), il faudra prévoir un exemplaire supplémentaire qui restera à l'enregistrement.

Le contenu du contrat

Le contenu de la loi de 1989 est qualifié « d'ordre public » : le contrat doit impérativement respecter la loi qui s'impose à la volonté des parties (la liberté contractuelle est excessivement réduite). Il est donc parfaitement inutile de rédiger des clauses contraires à la loi : elles seraient sans effet.

Afin de guider le bailleur dans la rédaction du contrat et limiter aussi les abus, la loi énumère spécifiquement dans son article 4 des clauses « réputées non écrites », c'est-à-dire sans existence juridique.

Ainsi, est notamment réputée non écrite toute clause :
- qui impose au locataire la compagnie d'assurances choisie par le bailleur ;
- qui prévoit un droit de visite des lieux de plus de deux heures par jour les jours ouvrables dans le but de vendre ou de relouer le bien ;

- qui impose au locataire comme mode de paiement l'ordre de prélèvement automatique ;
- qui prévoit le renouvellement du bail par tacite reconduction pour une durée inférieure à trois ou six ans minimum ;
- qui interdit au locataire de rechercher la responsabilité du bailleur ou qui exonère le bailleur de toute responsabilité ;
- qui interdit au locataire d'héberger des personnes ne vivant pas habituellement avec lui ;
- qui impose au locataire le versement, lors de l'entrée dans les lieux, d'un dépôt de garantie supérieur à deux mois de loyer hors charges ;
- qui fait supporter au locataire des frais de relance ou d'expédition de la quittance, ainsi que les frais de procédure.

Les annexes au contrat

L'article 3 de la loi du 6 juillet 1989 précise les documents qui doivent être annexés au contrat de location.

L'état des lieux

Afin d'éviter toute source de conflit, les parties, que ce soit le locataire ou le propriétaire, ont intérêt à établir un état des lieux à l'entrée et à la sortie des lieux. L'article 3 de la loi du 6 juillet 1989, modifié par la loi du 22 décembre 2010, rappelle cette règle et précise qu'il doit être fait contradictoirement (contresigné) et amiablement.

Si toutefois, le propriétaire décide de faire appel à un tiers pour l'établissement de l'état des lieux (un agent immobilier par exemple), il doit en assumer la charge financière.

À défaut d'accord amiable, c'est à la partie la plus diligente à qui il incombe de faire appel à un huissier pour dresser un état des lieux. Les frais engagés sont alors à partager par moitié entre locataire et propriétaire. Lorsque l'état des lieux est établi par un huissier, les parties doivent en être averties au moins sept jours à l'avance par lettre recommandée avec accusé de réception (article 3 de la loi du 6 juillet 1989).

Par ailleurs, l'article 1731 du Code civil établit une présomption selon laquelle en l'absence d'état des lieux le preneur est censé avoir pris (à l'entrée), ou avoir laissé (à la sortie), le logement en bon état.

Les extraits du règlement de copropriété

Pour les logements en copropriété (appartement ou, le cas échéant, maison dans une copropriété horizontale), le bailleur doit annexer au contrat la photocopie des pages de son règlement de copropriété où se trouvent indiqués :

- la destination de l'immeuble (locaux d'habitation, profession-nels, commerciaux…) ;
- la jouissance et l'usage des parties privatives et communes (ainsi, ce n'est plus dans le contrat que l'on lira, par exemple, qu'il est interdit d'étendre du linge aux fenêtres, puisque cette précision figurera au règlement de copropriété annexé…) ;
- la répartition des charges suivant le nombre de millièmes que représente le logement dans chaque catégorie de charges.

Les photocopies fournies doivent évidemment être celles du règle-ment de copropriété en vigueur (et de ses modificatifs s'il en existe).

Le dossier de diagnostic technique

L'article 3-1 de la loi du 6 juillet 1989 prévoit que lors de la signature ou du renouvellement d'un contrat de location, le bailleur annexe au contrat un dossier de diagnostic technique. Ce dossier de diagnostic technique comprend plusieurs informations concernant le bien loué.

L'État des Risques Naturels et Technologiques (ERNT)

L'ERNT doit dater de moins de six mois à la date de signature du contrat et doit être annexé au contrat si le bien loué se situe dans un périmètre d'exposition aux risques naturels et technologiques.

Si le bailleur ne fournit pas l'ERNT et que le logement loué est situé dans une zone exposée à un risque, le locataire est en droit de demander la résiliation du bail ou une diminution du loyer.

En complément de ce diagnostic, le bailleur est tenu d'informer le locataire sur les sinistres liés à un état de catastrophe naturelle ou technologique ayant donné lieu au versement d'une indemnité.

Le constat des risques d'exposition au plomb (CREP)

Dans un souci de santé publique, et plus précisément pour lutter contre le saturnisme (intoxication grave liée au plomb se trouvant dans des peintures anciennes), le propriétaire doit ainsi remettre à son locataire un constat de risque d'exposition au plomb (CREP) réalisé par un diagnostiqueur certifié.

Il s'agit de mesurer la concentration en plomb des revêtements du logement (par exemple : la peinture) et son état de conservation ; les canalisations en plomb ne sont donc pas concernées.

Le diagnostic plomb ne concerne que les logements construits avant le 1er janvier 1949 et porte exclusivement sur les parties privatives du logement, y compris les revêtements extérieurs (les volets par exemple).

En principe, le CREP doit avoir été établi depuis moins de six ans à la date de signature. Toutefois, si celui-ci mentionne l'absence ou la très faible présence de revêtement contenant du plomb, il n'est pas nécessaire d'effectuer un nouveau diagnostic en cas de relocation. Le CREP initial est donc joint lors de chaque nouveau contrat de bail.

En revanche, si le constat révèle la présence de plomb accessible (peinture dégradée), le propriétaire doit effectuer des travaux de suppression du risque avant la mise en location (sous peine de voir sa responsabilité pénale engagée).

Le diagnostic de performance énergétique (DPE)

Tout propriétaire bailleur doit remettre à son locataire, lors de la signature du contrat de bail, un diagnostic de performance énergétique (DPE) datant de moins de dix ans. Ce document informe le locataire du degré d'isolation thermique du logement et du montant des charges prévisionnelles de chauffage. L'étiquette énergie doit être mentionnée dans l'annonce de location.

> **À savoir**
>
> Le DPE ne s'impose que pour les logements situés en France métropolitaine ; les logements situés outre-mer ne sont en effet pas concernés à ce jour.

Le contenu du diagnostic de performance énergétique

Le DPE indique la quantité d'énergie effectivement consommée ou estimée pour une utilisation normale du logement. Le locataire peut ainsi identifier ses consommations futures, ce qui est bien utile pour déterminer son budget logement ! La lecture du DPE est facilitée par une estimation chiffrée en euros et par l'utilisation d'un étiquetage de « A » à « G » et du vert au rouge. La lettre « A » indique que le logement atteint un excellent niveau de performances énergétiques ; à l'inverse, la lettre « G » signifie que le logement est doté d'une mauvaise isolation thermique.

Une fois le diagnostic effectué, le technicien émet des préconisations d'amélioration permettant aux propriétaires et locataires de repérer les travaux les plus efficaces pour économiser l'énergie. Ces recommandations sont à ce jour incitatives, et les travaux ne sont pas obligatoires dès lors que le logement est décent et en bon état d'usage et de réparations.

> **À savoir**
>
> Le locataire ne peut pas se prévaloir à l'encontre du propriétaire bailleur des informations contenues dans le DPE qui n'a qu'une valeur informative.

Comment obtenir le diagnostic de performance énergétique ?

Le DPE ne peut être réalisé que par un diagnostiqueur certifié ; aucun autre professionnel, même disposant des compétences requises (un architecte par exemple), ne peut réaliser valablement le diagnostic de performance énergétique.

☞ Pour faire réaliser l'état des risques, vous pouvez contacter le service Diagnostics du groupe De Particulier à Particulier. Tél. : 01 40 02 95 00 – www.pap.fr.

Quand fournir le diagnostic de performance énergétique ?
Le diagnostic de performance énergétique doit être obligatoirement :
- mis à disposition des candidats locataires dès les visites ;
- puis annexé au contrat de location lors de sa signature. En revanche, le diagnostic n'a pas à être mis à jour en cours de bail, ni fourni à nouveau en cas de tacite reconduction.

Attention : depuis le 1er janvier 2011, le classement du bien au regard de sa performance énergétique doit être mentionné dans l'annonce de location. Le DPE devra donc être réalisé dès le passage de l'annonce et même idéalement en amont.

Quelles sanctions ?
Aucune sanction spécifique n'est à ce jour fixée par la loi. Toutefois, il s'agit bien d'une obligation et les règles de droit commun déjà existantes :
- permettent au locataire d'agir en cas d'absence de diagnostic de performance énergétique ou de remise d'un diagnostic erroné ;
- permettent au locataire d'agir en cas de défaut d'affichage ou d'affichage irrégulier.

Une information concernant le mode de réception de la télévision

Cette information précise si l'immeuble est équipé ou non d'une antenne hertzienne (râteau), et/ou du câble et si celui-ci permet l'accès en clair à la télévision numérique terrestre (TNT). Si ce n'est pas le cas, le propriétaire bailleur doit donner au locataire le nom du câblo-opérateur à qui s'adresser.

Ces renseignements, qui peuvent figurer au contrat de location lui-même ou sur papier libre annexé au contrat, n'ont qu'une valeur informative et le locataire ne peut donc s'en prévaloir à l'encontre de son propriétaire.

La caution solidaire

Le locataire dont les revenus ne lui permettent pas de conclure une location peut avoir recours à la caution solidaire d'une tierce personne. La caution s'engage alors à payer les loyers en cas de défaillance du locataire. Il s'agit donc d'un acte important et qui peut être lourd de conséquences. Voilà pourquoi le contrat de cautionnement est soumis à des conditions de forme très strictes.

Ainsi, pour que son engagement soit valable, la caution doit obligatoirement signer avec le bailleur un contrat de cautionnement. L'article 22-1 de la loi du 6 juillet 1989 dispose encore que le contrat de caution doit être conclu au moment de la signature du contrat de location. Les parties annexeront alors la caution au bail et remettront un exemplaire supplémentaire du contrat de location à la personne qui s'est portée garante du paiement.

Par ailleurs, certaines mentions doivent être reproduites dans l'acte de caution et ce, sous peine de nullité :
- la mention manuscrite du montant du loyer et les conditions de sa révision ;
- la mention manuscrite qu'elle a eu pleinement connaissance de la nature et de l'étendue de l'obligation qu'elle contracte.

En outre, ce même article édicte que la caution peut être résiliée par elle seule dès lors que son engagement ne comporte aucune durée ou lorsque celle-ci est stipulée indéterminée.

La résiliation prend effet à l'expiration du bail ou de son renouvellement s'il a été renouvelé.

À partir de la signature d'un acte de cautionnement et au moindre incident de paiement, le bailleur dispose ainsi de la possibilité de réclamer les sommes dues à la caution.

☞ *Vous pouvez vous procurer notre modèle de caution par téléchargement sur le site www.pap.fr, dans nos bureaux ou par correspondance.*

Les conditions financières de la location

La loi du 6 juillet 1989 encadre l'évolution du loyer pendant la location.

Le loyer

Les règles de fixation du loyer sont différentes suivant qu'il s'agit d'un contrat initial ou d'un renouvellement de bail.

La libre fixation du loyer initial

La fixation du loyer est libre. Ce dernier est donc déterminé en fonction du jeu de l'offre et de la demande ; le loyer d'un nouveau bail n'a donc pas à être fixé en rapport avec le précédent.

Le loyer de renouvellement

Lorsque le propriétaire ne désire pas donner congé à l'expiration du bail et préfère offrir un renouvellement à son locataire, il peut, s'il estime que le loyer est manifestement sous-évalué, proposer un nouveau loyer. Mais d'une part, le montant de cette majoration n'est pas libre et d'autre part elle ne s'applique que progressivement : elle est ainsi étalée sur trois ou six ans.

La proposition de renouvellement

L'article 17 de la loi du 6 juillet 1989 de la loi impose au bailleur voulant augmenter le loyer pour un renouvellement de bail, d'envoyer au locataire la proposition de nouveau loyer six mois avant l'échéance du bail. Cette proposition doit indiquer obligatoirement les éléments suivants :

- le loyer proposé ;
- trois références de loyers constatés dans le voisinage pour des logements comparables, ou six références si le logement est situé dans une agglomération de plus d'un million d'habitants ;
- la reproduction intégrale de l'article 17 c) de la loi du 6 juillet 1989.

Où trouver les références de loyer ?

Le bailleur peut naturellement prendre comme références les loyers d'autres logements qu'il donne déjà en location. Mais si ces références sont insuffisantes, il peut s'adresser à certains organismes officiels.

Dans chaque département, on peut contacter l'Association départementale d'information sur le logement (ADIL), les associations de locataires ou de propriétaires et les observatoires de loyers.

Dans la région parisienne, les références de loyer sont accessibles auprès des organismes suivants :
- Observatoire des loyers : 5 rue Leblanc, 75015 Paris. Tél. : 01 40 60 11 51 – www.observatoire-des-loyers.fr ;
- ADIL 75 : 46 *bis*, boulevard Edgar-Quinet, 75014 Paris. Tél. : 01 42 79 50 50 et antennes dans les mairies d'arrondissement – www.adil75.org.

La conciliation

Le locataire doit répondre à la proposition du bailleur quatre mois avant la fin du bail.

L'accord du locataire est indispensable pour que l'augmentation soit applicable. S'il ne répond pas, son silence est assimilé à un refus.

En cas de désaccord ou de refus exprès, le bailleur ou le locataire doit saisir la Commission de conciliation. Celle-ci s'efforce de trouver un accord entre le propriétaire et le locataire. Elle rend un avis dans les deux mois de sa saisine.

En cas d'échec de la conciliation sur le montant du loyer, le propriétaire ou le locataire saisit le juge d'instance, lequel fixe le loyer. Le bailleur doit saisir le juge avant la fin du bail, sinon le contrat de location se reconduit conformément à l'article 10 de la loi du 6 juillet 1989.

Exemple

M. Claude donne un appartement en location à M. Imbert le 1er janvier 2006 pour trois ans. Le bail arrive à terme le 31 décembre 2012.

M. Claude souhaite renouveler le bail, mais avec une forte augmentation car le loyer est très sous-évalué. Avant le 1er juillet 2012, il propose un nouveau loyer.

M. Imbert estime la hausse excessive et refuse le loyer par lettre du 15 août 2012.

M. Claude saisit la commission de conciliation le 10 septembre 2012. La commission constate le désaccord et rend son avis le 10 novembre 2012. Avant le 31 décembre 2012, M. Claude saisit le juge qui fixe le loyer.

Une augmentation étalée dans le temps

Lorsque bailleur et locataire sont d'accord sur la hausse de loyer, il reste à l'appliquer. L'étalement de la hausse est obligatoire et s'effectue dans les conditions suivantes :

- l'augmentation se répartit par sixième annuel si le bail est renouvelé pour six ans ;
- l'augmentation s'applique par tiers si le contrat est renouvelé pour trois ans et si la hausse est inférieure ou égale à 10 % ;

Exemple : Proposition de nouveau loyer

M. Durand avait donné en location le 1er juin 2009 à M. Dupont un logement dont le loyer est sous-évalué. Le bail arrivant à terme le 31 mai 2012, M. Durand doit adresser à M. Dupont une proposition de nouveau loyer avant le 30 novembre 2011. L'ancien loyer étant de 750 € par mois, M. Durand propose un nouveau loyer de 780 €.

À compter du 1er juin 2012, l'augmentation se répartit comme suit :
- du 1er juin 2012 au 31 mai 2013 : 750 + (30/3) = 760 €.
- du 1er juin 2008 au 31 mai 2014 : 760 + (30/3) = 770 €.
- du 1er juin 2009 au 30 mai 2015 : 770 + (30/3) = 780 €.

N.B. : chaque année, il faudra en plus appliquer la révision résultant de la variation de l'indice de référence des loyers (IRL).

- l'augmentation se répartit par sixième annuel si la hausse est supérieure à 10 % ; cela n'impose pas pour autant de signer un bail de six ans.

M. Durand a donné en location un logement le 1er juillet 2009 pour trois ans pour un loyer de 560 €. Le bail prend fin au 30 juin 2012.

M. Durand propose un renouvellement avec un loyer de 740 €. La hausse de 180 € dépassant 10 % du loyer de 560 € doit être étalée sur six ans par sixième annuel.

Le loyer sera au :
– 1er juillet 2013 : 590 €
– 1er juillet 2014 : 620 €
– 1er juillet 2015 : 650 €

À la fin du contrat de trois ans, le contrat peut se poursuivre tacitement suivant le rythme de progression annuel.

Le loyer sera au :
– 1er juillet 2016 : 680 €
– 1er juillet 2017 : 710 €
– 1er juillet 2018 : 740 €

Mais le bailleur pourra à la fin de la première période de trois ans faire une autre proposition de renouvellement sur d'autres bases.

N.B. : il faut rajouter, en plus, l'indexation sur l'indice de référence des loyers (IRL).

Le décret de blocage des loyers

À Paris et en région parisienne, un décret de blocage des loyers fait échec au mécanisme de l'article 17 c). Depuis 1993, ce décret est repris chaque année à l'identique au mois d'août. Le décret n° 2011-1017 du 26 août 2011 a reconduit le blocage des loyers pour les renouvellements qui interviendront entre le 31 août 2011 et le 30 août 2012.

Lors du renouvellement du bail, le loyer ne peut être augmenté qu'en fonction de l'indice de référence des loyers (IRL). Toutefois, une majoration plus élevée s'applique dans les deux cas suivants :

– vous justifiez que le loyer est sous-évalué en fournissant 6 références de loyers du voisinage. L'augmentation applicable est égale à la moitié de la différence entre la moyenne des références et le loyer précédent ;

– vous avez effectué des travaux d'amélioration sur les parties privatives et communes équivalents à un an de loyer. Vous pourrez alors proposer une augmentation annuelle qui n'excédera pas 15 % du coût des travaux.

L'étalement de la hausse s'appliquera.

Le loyer et les travaux

La loi du 6 juillet 1989 a prévu deux possibilités que l'on rencontre souvent dans la pratique. Il s'agit des cas où le propriétaire confie au locataire la réalisation de travaux en échange d'une réduction de loyer, et des cas où le bailleur envisage d'effectuer des travaux d'amélioration qui justifient une augmentation de loyer.

Les travaux réalisés par le locataire

Les parties, à la conclusion du contrat, peuvent prévoir par une clause que le locataire exécutera ou fera exécuter certains travaux.

Dans ce cas, le contrat doit préciser les modalités selon lesquelles le montant des travaux réalisés par le locataire s'imputera sur le loyer.

> **Exemple : Travaux réalisés par le locataire**
>
> M. Dupont loue un logement dans lequel les tapisseries et peintures sont à refaire et la moquette à changer. La location commence le 1er avril 2011. Le loyer s'élève normalement à 660 € par mois. M. Dupont confie ces travaux à son locataire M. Vidal. Ils doivent donc insérer dans le contrat la clause suivante : *« Les parties conviennent expressément que M. Vidal, le locataire, réalisera, avant le 1er juillet 2011, les travaux suivants :* (description précise des travaux).
> *Les parties évaluant ces travaux à la somme de 900 €, il est convenu que le locataire, M. Vidal, pourra imputer un tiers de ce montant sur chacun des trois premiers loyers mensuels. Il versera donc, à titre de loyer, la somme de 360 € aux termes des 1er avril, 1er mai et 1er juin, et de 660 € ensuite.*
> *Un état des lieux sera établi contradictoirement le 1er juillet 2011 afin de constater la réalité de ces travaux. »*

Il n'est possible de prévoir une telle clause que pour les logements répondant aux normes de décence au jour de la signature du contrat.

Les travaux d'amélioration réalisés par le bailleur

Le bailleur peut, si le locataire est d'accord, prévoir exceptionnellement d'augmenter le loyer en cours de location dès lors qu'il s'engage à réaliser des travaux d'amélioration (article 17, loi du 6 juillet 1989). Pour ce faire, il est impératif de prévoir cette modalité par le biais d'une clause spécifique. L'accord verbal est donc insuffisant. Le propriétaire doit préciser la nature des travaux, leurs modalités d'exécution ainsi que le montant de la majoration du loyer qui en résultera.

Bien évidemment, ce type d'accord n'est valable que si le logement loué est en bon état au jour de la signature du contrat. Tel n'est pas le cas si le logement ne répond pas aux critères de décence du décret du 30 janvier 2002.

En revanche, il est toujours possible d'améliorer le logement en y installant des éléments de confort ou des équipements nouveaux souhaités par le locataire. Tel est le cas par exemple de la pose d'un lecteur de carte magnétique d'accès au parking, d'un interphone, d'un ascenseur, du remplacement de toutes les fenêtres par du double vitrage…

Une fois les travaux réalisés, il sera établi en présence du locataire un état des lieux afin de constater la conformité de ces derniers aux prévisions initiales. Dès lors, la majoration de loyer pourra prendre effet.

Le partage des économies d'énergie

Lorsque le propriétaire entreprend des travaux d'économie d'énergie dans les parties privatives du logement, une contribution pour le partage des économies de charge peut être demandée au locataire du logement loué.

Pour que la contribution puisse être demandée au locataire, il faut que :
- le locataire bénéficie directement des travaux réalisés ;
- les travaux atteignent un niveau de performance énergétique minimal.

La nature des travaux

Les travaux qui autorisent à demander une contribution au locataire sont :
- soit des travaux correspondant à une combinaison d'au moins deux actions d'amélioration de la performance énergétique du logement ou du bâtiment concerné, parmi les actions suivantes :
  - travaux d'isolation thermique des toitures ;
  - travaux d'isolation thermique des murs donnant sur l'extérieur ;
  - travaux d'isolation thermique des parois vitrées donnant sur l'extérieur ;

- travaux de régulation ou de remplacement de systèmes de chauffage ou de production d'eau chaude sanitaire ;
- travaux d'installation d'équipements de chauffage utilisant une source d'énergie renouvelable ;
- travaux d'installation d'équipements de production d'eau chaude sanitaire utilisant une source d'énergie renouvelable ;
– soit des travaux permettant d'amener la consommation d'énergie du bâtiment pour le chauffage, la ventilation, la production d'eau chaude sanitaire, le refroidissement et l'éclairage des locaux en dessous d'un certain seuil. Ce type de travaux n'est possible que si la date d'achèvement du bâtiment est comprise entre le 1er janvier 1948 et le 31 décembre 1989.

Le montant de la contribution demandée au locataire

Le montant de la contribution est déterminé par une méthode de calcul conventionnel de la consommation d'énergie résultant d'une étude thermique préalable et prenant en compte les caractéristiques techniques et énergétiques du bâtiment, sa localisation géographique, ainsi qu'une occupation conventionnelle du bâtiment.

La contribution mensuelle du locataire, somme fixe et non révisable, est égale, au plus, à la moitié de l'économie d'énergie estimée du logement.

> **Exemple**
>
> Si l'économie d'énergie réalisée après travaux est de 40 € par mois, le locataire versera à son propriétaire une contribution de 20 € par mois. Au total, l'économie de charges pour le locataire est de 20 €.

Toutefois, la contribution est fixée de manière forfaitaire :
– systématiquement pour les logements achevés avant le 1er janvier 1948 ;
– si le propriétaire choisit le forfait pour les logements achevés depuis le 1er janvier 1948. Le choix de cette option est possible dès lors que l'une au moins des deux conditions suivantes est remplie :
- les caractéristiques constructives du bâtiment sont incompatibles avec la méthode de calcul « réel » ;
- le propriétaire bailleur ne possède pas plus de trois logements mis en location dans l'immeuble considéré.

L'option pour le forfait mensuel peut s'avérer moins avantageuse financièrement mais a le mérite de la simplicité et de ne pas nécessiter une étude thermique préalable.

Le forfait mensuel, somme fixe et non révisable, s'élève à :
- 10 euros pour les logements comprenant une pièce principale ;
- 15 euros pour les logements comprenant entre deux et trois pièces principales ;
- 20 euros pour les logements comprenant quatre pièces principales et plus.

Le paiement du loyer

Le contrat doit, bien sûr, spécifier le montant du loyer (on ne parle ici que du loyer principal c'est-à-dire « hors charges ») et des termes du paiement : mensuel, trimestriel, à terme à échoir (d'avance), à terme échu (une fois le mois passé).

L'usage veut que le loyer soit payable mensuellement et d'avance. Il est certes tout à fait possible de prévoir un paiement bimestriel ou trimestriel. Sachez cependant que le locataire peut à tout moment exiger le paiement mensuel du loyer (article 7 de la loi du 6 juillet 1989) et que le bailleur ne peut s'y opposer.

> **À savoir**
>
> Lorsque le loyer est payable d'avance pour une période supérieure à deux mois, le bailleur ne peut exiger le versement d'un dépôt de garantie.

Les locataires mariés

Les époux étant co-titulaires du bail sont tenus solidairement au paiement des loyers et des charges, même si un seul des époux a signé le bail. Cette solidarité ne prend fin qu'au jour de la transcription du jugement de divorce, et ce, même si l'un des époux a quitté les lieux ou a donné congé.

Les partenaires liés par un Pacs

Ils sont également tenus solidairement au paiement des loyers. Le bailleur peut donc réclamer le paiement du loyer à l'un ou l'autre des partenaires.

Les locataires concubins ou les colocataires

Si les deux concubins ou colocataires ont signé le bail, ils sont tous deux tenus au paiement du loyer. Le bailleur peut indifféremment réclamer à l'un ou à l'autre le paiement de la totalité. En fait, même si les locataires décident de payer moitié-moitié, le bailleur n'a pas à s'en préoccuper, il exige simplement le règlement total.

La clause de solidarité : une garantie pour le bailleur

La solidarité est une notion qui ne se présume pas. Si elle est de droit pour un couple marié ou pacsé, elle ne peut être que conventionnelle pour les autres. Par conséquent, il est conseillé d'ajouter au contrat une clause dite de « solidarité » qui peut être ainsi rédigée : « *Les locataires sont tenus conjointement, solidairement et indivisiblement à l'égard du bailleur au paiement des loyers, charges et accessoires dus en application du présent bail. En outre, le congé délivré par l'un des locataires ne le libère pas de son obligation solidaire relative au paiement des loyers et de ses accessoires. Cette solidarité continuera de produire ses effets, vis-à-vis du locataire parti, pendant une durée d'un an à compter de la date de congé. Le locataire parti restera donc solidairement responsable des dettes nées durant cette période.* »

> ☞ *Cette clause de solidarité figure dans les contrats de location que le groupe De Particulier à Particulier édite et que vous pouvez vous procurer par téléchargement sur www.pap.fr., par correspondance ou dans nos boutiques.*

La clause de solidarité permet au propriétaire bailleur de réclamer la totalité du loyer et des charges à l'un des concubins ou des colocataires. À charge pour celui qui a payé de réclamer à l'autre le remboursement de la moitié.

Mais cette disposition crée un autre type de solidarité. En effet, même si un congé est délivré par un seul concubin en sa qualité de co-titulaire du bail, il n'est pas, du fait de cette disposition, libéré pour autant de son obligation solidaire de paiement du loyer. Au contraire, il restera redevable des loyers et des charges pendant un an.

L'indexation du loyer

Le propriétaire peut indexer le loyer une fois par an, en général à la date anniversaire de la signature du contrat. Cette possibilité doit toutefois figurer dans le contrat, à défaut de quoi le loyer ne pourra être révisé pendant toute la durée de la location.

Pour procéder à l'indexation, le propriétaire doit prendre en compte obligatoirement l'indice de référence des loyers (IRL). Cet indice, calculé par l'Insee, correspond à l'évolution des prix des biens à la consommation hors tabac et loyers sur les 12 derniers mois.

Au moment de la signature du bail, le propriétaire doit indiquer le dernier indice connu à cette date. Quand rien n'est précisé dans le contrat de location, il retient d'office le dernier indice publié à la date de conclusion du bail.

– Voici comment calculer le montant du loyer à réviser :
(Ancien loyer × Nouvel indice)/Ancien indice = Nouveau loyer

Exemple : Calcul d'indexation à l'aide de l'indice de référence des loyers (IRL)

Un bail a été signé le 1er avril 2010 dont le loyer s'établit à 700 €. Vous avez indiqué la valeur moyenne du dernier indice du coût de la construction connu à cette date : celui du quatrième trimestre 2009.
Le 1er avril 2011, le loyer est révisé pour la première fois. Pour votre calcul, vous allez utiliser l'indice de référence des loyers (IRL) du même trimestre de référence que celui indiqué dans le bail :
700 (loyer mensuel) × 119,17 (indice 4e trimestre 2010)/117,47 (indice 4e trimestre 2009) = 710,13 euros.
À compter du 1er avril 2011, le loyer mensuel est fixé à 710,13 euros.

– Voici comment calculer le pourcentage d'évolution du loyer :
(Nouvel indice – Ancien indice)/Ancien indice × 100
= Pourcentage d'augmentation

Le non-paiement du loyer

Le non-paiement du loyer peut aboutir à la résiliation du bail avec, toutefois, la possibilité pour un locataire de bonne foi d'obtenir des délais.

Loyers refusés par le bailleur : que faire ?

Il arrive que des situations conflictuelles conduisent le propriétaire à ne pas encaisser les chèques. Ainsi, il pourra invoquer le non-paiement des loyers et, si le locataire ne réagit pas rapidement à la réception du commandement de payer, faire jouer la clause résolutoire.

Le locataire doit donc vérifier que son propriétaire perçoit effectivement les loyers et, si jamais ce n'était plus le cas, il aura intérêt à payer son loyer par mandat postal. Talon du mandat et accusé de réception constitueront alors la preuve du paiement.

Les charges

En plus du loyer, le locataire paie les charges liées à l'utilisation du logement (frais de gardiennage, entretien des espaces verts, de l'ascenseur…). On dit que ces charges sont récupérables car elles sont acquittées par le propriétaire puis récupérées sur le locataire.

Le décret n° 87-713 du 26 août 1987 fixe la liste des charges récupérables. Cette liste est exhaustive : le propriétaire ne peut donc attribuer d'autres charges au locataire.

Le paiement d'une provision

En location vide, il n'est pas possible de pratiquer des charges forfaitaires ou un loyer dit charges comprises : le bailleur doit fixer une provision mensuelle de charges.

> **Conseil**
>
> Certains bailleurs, pour séduire leur locataire, sont parfois tentés de minorer le montant de la provision sur charges. C'est un très mauvais calcul. En effet, en fin d'année, ils seront dans l'obligation de demander un réajustement que le locataire aura peut-être du mal à assumer.

Nous avons vu que le bailleur peut demander une provision qui sera payable en même temps que le loyer, c'est-à-dire, en règle générale, mensuellement et d'avance. La quittance fait donc apparaître le montant du loyer principal et, distinctement, le montant de la provision pour charges.

Mais chaque année au moins, il faudra procéder à la régularisation des charges (article 23 de la loi du 6 juillet 1989). Et, comme les charges sont désormais exigibles sur justificatifs, le bailleur devra adresser à son locataire, un mois avant l'échéance de la demande de paiement :

- un décompte par catégories de charges, fourni par le syndic ;
- dans les immeubles appartenant à un seul propriétaire, le mode de répartition des charges entre tous les locataires d'un seul propriétaire.

De plus, les pièces justificatives seront tenues à la disposition des locataires pendant un mois à compter de la réception de la demande de régularisation. Dans les immeubles en copropriété, le syndic doit donc tenir à disposition des locataires les factures, les contrats de fournitures, les justificatifs de salaires, etc.

Le cas d'un local neuf

Lorsque l'immeuble vient d'être construit, aucun décompte de charges n'existe. Il est donc difficile de déterminer une provision. La loi du 6 juillet 1989 n'imposant, dans ce cas, aucune contrainte, la seule méthode possible consiste à consulter le promoteur ou le syndic nommé pour connaître le montant prévisionnel des charges locatives.

Le cas d'un local jamais loué

Vous venez de faire un investissement locatif ou vous désirez louer le logement que vous habitez. Vous connaissez donc le montant des charges globales, mais vous faites mal la distinction entre les charges locatives récupérables et celles qui vous incombent. Reportez-vous au décret n° 87-713 du 26 août 1987 et, si les comptes de votre syndic ne sont pas suffisamment clairs pour vous permettre de faire un calcul de provision proche de la réalité, n'hésitez pas à contacter ce syndic pour qu'il vous renseigne.

La contestation des charges

La contestation, par le locataire, du montant des charges ne le dispense, en aucun cas, du paiement. Si le désaccord persiste, il conviendra donc de s'en remettre au tribunal d'instance, seul compétent en la matière.

Le réajustement de la provision

La provision pour charges ne peut être indexée comme le loyer, puisqu'il s'agit en fait d'un acompte à valoir sur les dépenses réelles. Lorsque la régularisation annuelle des charges fait apparaître un solde positif ou négatif trop important, il convient de réajuster la provision à la hausse ou à la baisse. La demande de réajustement doit alors être justifiée par la communication des résultats antérieurs ou du budget prévisionnel.

Cas particulier : départ en cours d'année du locataire

L'article 22 de la loi du 6 juillet 1989 donne au propriétaire un délai de deux mois à compter de la remise des clés pour restituer le dépôt de garantie. Cependant, en raison du principe d'annualité des comptes de la copropriété, les charges ne sont pas toujours arrêtées au jour du départ du locataire.

Pour pallier cette difficulté, le bailleur peut néanmoins conserver une partie du dépôt de garantie (jusqu'à 25 % de celui-ci) en vue de la prochaine régularisation des charges. Une fois celle-ci réalisée, le propriétaire restituera le solde éventuellement dû, sans intérêt (réponses ministérielles n° 30815 et n° 85014 des 16 mars 2004 et 20 juin 2006).

La prescription en matière de loyer et de charges

Propriétaires et locataires se posent souvent la question de savoir en combien de temps se prescrivent les actions en matière de loyer. Par application des articles 2224 et 2254 du Code civil, la prescription en matière de loyers et de charges est de cinq ans. Il est impossible de prévoir une autre durée de prescription, même par accord des parties.

Vous noterez que les propriétaires et les locataires sont concernés par cette même prescription.

Le dépôt de garantie

Le dépôt de garantie sert à garantir l'exécution des obligations du locataire envers le bailleur.

L'article 22 de la loi du 6 juillet 1989 précise son montant et les modalités selon lesquelles le propriétaire devra le restituer au départ du locataire. Pour les contrats conclus à compter du 9 février 2008, le montant du dépôt de garantie est limité à un mois de loyer hors charges (contre deux mois auparavant). Le locataire titulaire d'un contrat en cours d'exécution à cette date ne peut demander la restitution d'un mois de dépôt de garantie (réponse ministérielle n° 32932 du 17 mars 2009).

Il peut donc être inférieur bien que ce type de pratique puisse se retourner contre le propriétaire en cas de réparations locatives importantes ou de départ furtif du locataire.

> **À savoir**
>
> Le dépôt de garantie ne peut faire l'objet d'aucune réévaluation en cours de location ni même à l'occasion d'un renouvellement.

Cas où l'on ne peut demander de dépôt de garantie

Aucun dépôt de garantie ne peut être demandé lorsque le loyer est payable d'avance et pour une période supérieure à deux mois. En contrepartie, si un locataire paie son loyer par trimestre d'avance et qu'il demande, comme il en a le droit, le paiement mensuel (article 7 de la loi du 6 juillet 1989), le bailleur pourra alors réclamer le versement d'un dépôt de garantie.

Le paiement du dépôt de garantie

En règle générale, le locataire verse le dépôt de garantie à la signature du contrat de location. La plupart des baux donnent d'ailleurs quittance du dépôt de garantie. Si vous avez convenu avec votre locataire un versement différé du dépôt de garantie, précisez-le dans le contrat ainsi que la date à laquelle son versement est prévu, et le cas échéant la sanction en cas de non-paiement.

Le financement du dépôt de garantie

Le système Loca-pass s'en occupe, gratuitement. Pour bénéficier de l'avance Loca-pass, il suffit de contacter le comité interprofessionnel du logement (CIL) de votre département (liste disponible auprès d'Action logement, www.actionlogement.fr).

> **À savoir**
>
> Depuis le 1er septembre 2010, l'avance Loca-pass continue de financer le montant du dépôt de garantie mentionné dans le contrat de location, mais uniquement dans la limite de 500 €.

La restitution du dépôt de garantie

Le dépôt de garantie doit être restitué dans un délai de deux mois à compter de la remise des clés par le locataire (article 22 de la loi du 6 juillet 1989). Le bailleur est bien évidemment fondé à en déduire les sommes que le locataire pourrait encore lui devoir.

Sur le fondement de l'état des lieux de sortie, le propriétaire est autorisé à réaliser des retenues sur le dépôt de garantie. Il doit justifier du montant des retenues en fournissant au locataire les devis ou les factures correspondant à la remise en état du logement.

Le décret n° 87-712 du 26 août 1987 donne une liste non exhaustive des réparations à la charge du locataire. Si le dépôt de garantie n'est pas suffisant pour couvrir l'ensemble des réparations mises à la charge du locataire, le propriétaire peut mettre en demeure le locataire ou la caution solidaire de payer le solde. Ensuite, reste la solution de l'injonction de payer ou de la déclaration au greffe.

Si jamais le bailleur ne respecte pas le délai de restitution, le dépôt de garantie porte alors intérêt au taux légal. Dans l'hypothèse où le logement est vendu en cours de bail, c'est au nouveau propriétaire de restituer le dépôt de garantie au locataire.

Le bailleur peut néanmoins conserver une partie du dépôt de garantie (jusqu'à 25 % de celui-ci) et ne restituer le solde éventuellement dû, sans intérêts, qu'après la régularisation annuelle des charges (réponse ministérielle n° 85014, *JO* de l'Assemblée nationale, 20 juin 2006).

> Un projet de loi renforçant les droits, la protection et l'information des consommateurs publié le 1er juin 2011, propose de sanctionner la non-restitution du dépôt de garantie dans les délais légaux. Lorsque la restitution du dépôt de garantie (de son solde dans l'hypothèse d'une retenue) n'est pas réalisée dans le délai de deux mois à compter de la remise des clés, le montant à restituer est majoré d'une somme égale à 10 % du loyer.

La quittance et le reçu

Lorsque le locataire en fait la demande, le bailleur est tenu de lui transmettre une quittance gratuitement (article 21 de la loi du 6 juillet 1989).

La quittance

Nature et forme de la quittance

La quittance doit être détaillée et doit porter le détail des sommes versées par le locataire en distinguant le loyer et les charges. Les charges étant provisionnelles, la quittance ne donne quitus que pour la provision. Il faut donc toujours mentionner : « Provision pour charges : X euros » et non pas : « Charges : X euros ».

> *Vous trouverez à nos bureaux des carnets de quittances établies conformément aux dispositions de la loi du 6 juillet 1989. Ces carnets contiennent cinquante quittances sur carnet à souches. Vous pouvez aussi vous les faire envoyer ou les télécharger sur www.pap.fr.*

Lorsqu'il y a plusieurs locataires, les quittances sont établies au nom de tous les locataires, et ce, pour la totalité du loyer. En effet, ils ne peuvent pas exiger plusieurs quittances individuelles avec le montant réellement payé par chacun d'entre eux.

Quand demander une quittance ?

Tout paiement de l'intégralité doit donner lieu à la délivrance d'une quittance. Le propriétaire pouvant réclamer les loyers et charges impayés pendant un délai de cinq ans (article 2254 du Code civil), le locataire devra donc conserver ces justificatifs durant ce délai.

On peut aussi être amené à demander une quittance pour certaines formalités administratives ou l'obtention de certaines aides, comme l'aide personnalisée au logement (APL) ou l'allocation logement (AL).

❧ Le reçu

Si pour une raison ou une autre un locataire n'acquitte que partiellement son loyer, le bailleur est contraint d'établir un reçu (article 21 de la loi du 6 juillet 1989). Ce reçu est libellé suivant les mêmes formes que la quittance, simplement il ne porte pas le même nom, puisque, dans ce cas, le propriétaire ne donne pas quitus mais reconnaît seulement avoir reçu une certaine somme.

La sécurisation locative

Le versement d'un dépôt de garantie, l'engagement d'une caution solidaire, la clause de solidarité permettent d'assurer au propriétaire le paiement des sommes dues par le locataire. En outre, les autorités ont mis en place des mesures qui sécurisent la location. La garantie des risques locatifs est le dernier dispositif en date.

❧ La Garantie des Risques Locatifs (GRL)

La GRL a été mise en place par les pouvoirs publics, en partenariat avec les assureurs et Action Logement. Ce dispositif vise à favoriser l'accès au logement, notamment aux ménages les plus modestes en rassurant les propriétaires bailleurs.

La GRL concerne exclusivement la location d'un logement, nu ou meublé, destiné à constituer la résidence principale du locataire. En sont donc exclus les baux ruraux, professionnels, commerciaux mais aussi les locations saisonnières et les logements sous-loués.

Locataires éligibles

Pour bénéficier de la GRL, le taux d'effort du locataire ne doit pas excéder 50 %, c'est-à-dire que le locataire ne doit pas consacrer plus de la moitié de ses ressources à ses dépenses de logement. En d'autres termes, les ressources du locataire doivent représenter au moins le double du loyer.

Pour vérifier l'éligibilité du locataire, est pris en compte l'ensemble des ressources du locataire ayant un caractère régulier et permanent, c'est-à-dire les revenus professionnels, les revenus fonciers, les allocations et prestations en tout genre, les pensions, à l'exclusion des revenus financiers et boursiers aléatoires.

Plafond de loyer

La GRL s'applique exclusivement aux logements dont le loyer mensuel, charges et taxes locatives comprises, est inférieur ou égal à 2 000 € à la date de souscription du contrat. Au-delà de ce montant, le logement est exclu du champ d'application de la GRL.

Garanties octroyées

La GRL offre une couverture pour les principaux risques supportés par le bailleur :

- le remboursement des impayés jusqu'au départ du locataire dans la limite de 70 000 € ;
- le remboursement des dégradations dans la limite de 7 700 € en location vide ;
- la prise en charge des frais de procédure et de la gestion du recouvrement.

Le taux de la prime est fixé librement par l'assureur. Le coût du contrat socle est d'environ 2,50 % du montant des loyers et charges. Le propriétaire peut, au-delà de ce socle de garanties, souscrire des options ou garanties supplémentaires (par exemple, une garantie d'indemnisation supérieure au-delà de 70 000 €).

Comment bénéficier de la GRL ?

Les démarches sont particulièrement simples. Il suffit de consulter le site officiel de la GRL, www.grl.fr (les assureurs partenaires du dispositif y figurent) pour obtenir des informations et la liste des assureurs partenaires.

À propos de la GRL

Pour avoir des informations complémentaires sur la GRL, vous pouvez consulter :
- le site officiel de la GRL, www.grl.fr. Ce site contient déjà de nombreuses informations et a vocation à s'enrichir progressivement. Vous y trouverez notamment la liste des assureurs partenaires du dispositif avec lesquels vous pouvez obtenir la GRL ;
- le site de l'Association pour l'accès aux garanties locatives (APAGL), www.apagl.fr. Cette association a pour objet d'assurer le fonctionnement du dispositif et elle est chargée plus particulièrement de réaliser une analyse sociale de la situation du locataire en impayé, et de lui proposer un plan de remboursement adapté ;
- le site d'Action Logement, www.actionlogement.fr ;
- la société Insor, l'assureur avec lequel le groupe De Particulier à Particulier a conclu un partenariat : 0 825 392 880.

L'allocation en tiers payant

Ce dispositif vous permet de percevoir directement l'allocation logement de votre locataire à sa place, sur simple demande et ce, sans qu'il y ait besoin de son accord. Vous encaisserez alors de votre locataire la différence entre le loyer et l'allocation logement. Pour bénéficier de la mesure, adressez-vous à la Caisse d'allocations familiales (CAF) ou à la Caisse de mutualité sociale agricole (CMSA) de votre locataire.

La durée de la location

L'article 10 de la loi du 6 juillet 1989 fixe la durée minimale du bail. Une distinction est faite entre un bailleur personne morale (société, association, etc.) et un bailleur personne physique.

Un contrat de six ans pour les bailleurs personnes morales

L'article 10 de la loi du 6 juillet 1989 impose aux bailleurs personnes morales d'établir des contrats d'une durée minimale de six ans. Pendant la durée du bail, seul le locataire peut donner congé, le bailleur ne peut reprendre le logement, pour quelque motif que ce soit (en dehors de l'application des clauses résolutoires ou de la résiliation judiciaire du bail).

Un contrat de trois ans pour les bailleurs personnes physiques

Les bailleurs personnes physiques doivent établir un bail de trois ans minimum.

La loi assimile, pour l'application de cette disposition, aux bailleurs personnes physiques, les catégories suivantes :
- les membres de société civile familiale : chaque associé peut bénéficier de la reprise du logement en fin de bail, à condition que la société civile soit constituée entre parents et alliés jusqu'au quatrième degré ;

> – les membres d'une indivision. Chacun des co-indivisaires peut aussi bénéficier de la reprise du logement ; c'est alors au représentant de l'indivision de donner congé en précisant le nom et l'adresse du bénéficiaire de la reprise.

L'article 10 de la loi du 6 juillet 1989 dispose qu'il s'agit d'une durée minimale de trois ans. Rien n'interdit donc de conclure un contrat de quatre ou cinq années, ou plus encore. Précisons tout de suite que pendant toute la durée du bail, le bailleur ne peut donner congé à son locataire, qu'il s'agisse d'un contrat initial ou renouvelé. Le propriétaire devra donc, dans tous les cas, attendre la fin du contrat pour pouvoir délivrer un congé.

Le bail à durée réduite

L'article 11 de la loi du 6 juillet 1989 permet de déroger, sous certaines conditions, à la règle des trois ans. Pour ce faire, il faut qu'un événement précis justifie que le bailleur, personne physique, ait à reprendre le local pour des raisons familiales ou professionnelles. Le bailleur qui désire bénéficier de cette possibilité doit indiquer dans le contrat, et donc dès sa signature, quel est l'événement dont il attend la réalisation, ainsi que la date à laquelle il se produira. S'il convient d'interpréter assez largement le caractère professionnel ou familial des raisons invoquées, il faut bien qu'il s'agisse d'un événement. Une simple intention de reprendre le logement ne saurait donc suffire puisqu'elle ne constitue pas un événement dont on puisse constater la réalisation matérielle.

En revanche, justifient la conclusion d'un bail inférieur à trois ans les situations suivantes :

> – l'attente d'une mutation dont on connaît la date ;
> – le rapatriement prévu du bailleur installé à l'étranger ;
> – l'attente d'une mise à la retraite qui nécessiterait la reprise du logement ;
> – l'intention de reprendre le logement pour permettre à un enfant de poursuivre ses études à partir d'une date donnée.

Ce bail, s'il peut être inférieur à trois ans, doit avoir une durée d'au moins douze mois.

Si cet événement se produit comme prévu, le bailleur doit confirmer cette réalisation deux mois avant l'échéance prévue au contrat. Cette notification par lettre recommandée avec accusé de réception vaut congé.

Cependant, il peut arriver que la réalisation de cet événement soit différée. Le bailleur, toujours deux mois avant l'échéance prévue au contrat, peut proposer à son locataire le report du terme du contrat. Il ne pourra utiliser cette possibilité qu'une fois.

Si le bailleur ne respecte pas le préavis de deux mois, le bail à durée réduite se transforme en bail de trois ans.

Exemple : Contrat à durée réduite

M. Dupont désire louer son logement parisien car il a été détaché à la direction régionale de son entreprise à Bordeaux. Ce détachement doit durer 15 mois à compter du 1er janvier 2011.

Il conclut avec son locataire un contrat de location de 15 mois en mentionnant qu'il doit être nommé à Paris le 1er mai 2012.

Deux mois avant cette date, deux possibilités pourront se présenter :

1) M. Dupont est effectivement muté à Paris. Avant le 28 février 2012, il devra confirmer la réalisation de l'événement à son locataire. Celui-ci sera tenu de libérer les lieux le 30 avril 2012.

2) La direction régionale de Bordeaux apprécie M. Dupont et prolonge son détachement jusqu'au 31 décembre 2012.

M. Dupont devra signifier à son locataire avant le 28 février 2012, que le terme du contrat est différé jusqu'en décembre. Deux mois avant le 31 décembre, soit le 31 octobre au plus tard, il adressera à son locataire confirmation de l'événement. Cette notification vaudra congé.

Le cas particulier de la sous-location

Si un locataire doit quitter son logement quelques mois, tout en se réservant la possibilité de le retrouver à son retour, la sous-location peut être envisagée. De la sorte, le logement sera mis à la disposition d'une autre personne moyennant un certain prix. À l'inverse, si aucun prix n'est demandé, il s'agira d'un simple hébergement.

43

En vertu de l'article 8 de la loi du 6 juillet 1989, le locataire ne peut sous-louer le logement sans un accord écrit du propriétaire.

Lorsqu'elle est autorisée, la sous-location n'est pas soumise aux dispositions de la loi de 1989 et le droit commun s'applique. En conséquence, le locataire fixe librement les conditions de la sous-location comme la prise en charge des réparations, des charges récupérables, des modalités dans lesquelles il peut être mis fin à la sous-location…

Toutefois, il ne peut réclamer un loyer supérieur à celui qu'il paie à son propriétaire. De plus, la durée de la sous-location ne peut excéder celle du contrat principal. En pratique, elle courra jusqu'à l'expiration du bail principal.

Mais la résiliation du bail principal pour quelque motif que ce soit, met de toute façon fin automatiquement au contrat de sous-location. Et de façon directe, la sous-location non autorisée constitue elle-même un motif de résiliation.

La résiliation du bail

La résiliation par le locataire

La durée du préavis

Le locataire peut, à tout moment, donner congé sans avoir à motiver sa décision. Le délai de préavis à respecter est de trois mois (article 15 de la loi du 6 juillet 1989). Le congé doit être adressé au propriétaire par lettre recommandée avec accusé de réception ou par acte d'huissier. Le préavis commence à courir le jour de la réception de la notification.

Le locataire peut, exceptionnellement, réduire son délai de préavis à un mois dans six cas :

La mutation professionnelle

La mutation permettant de bénéficier du préavis réduit suppose nécessairement une décision prise par le supérieur ou l'employeur du locataire.

Il y a cependant une incertitude sur la durée du préavis lorsque le locataire a demandé sa mutation. Une réponse ministérielle (Rép. Min. n° 47238 AN, 10 mars 1997, p. 1239) est venue préciser que la mutation, pour permettre un préavis réduit, devait s'imposer au locataire :

- soit qu'elle provient d'une décision unilatérale de l'employeur ;
- soit qu'elle est voulue par l'employé, dans la mesure où la décision définitive est subordonnée à la volonté de l'employeur.

Les juges sont donc enclins à permettre un préavis réduit aux locataires qui ont souhaité leur mutation même s'ils se déterminent au cas par cas. Ainsi, il a pu être jugé que n'est pas une mutation professionnelle, le fait pour un locataire de quitter sa ville pour des raisons professionnelles mais à la suite d'une demande de changement faite par lui (tribunal d'instance de Paris 20e, 24 mars 1987 ; cour d'appel de Versailles, 1re chambre, 2e section, 14 décembre 2005).

Indifférence du lieu de mutation

La mutation professionnelle permet au locataire un délai de préavis réduit, peu importe le nouveau lieu d'affectation du locataire. Ainsi, pour bénéficier du préavis réduit, il n'est pas nécessaire que le locataire justifie d'un domicile dans une autre ville (Cour de cassation, 3e civ., 22 octobre 2003). Il n'y a donc pas lieu de rechercher si la mutation devait nécessairement obliger le locataire à changer de lieu de domicile (cour d'appel de Paris, 12 mars 1997).

Moment de la mutation

Une certaine concomitance entre le congé et la mutation est exigée. Ainsi, la jurisprudence a décidé que le congé donné près de quatre mois après la mutation du locataire ne peut être considéré dans le cadre de l'aléa professionnel permettant un délai de préavis réduit (cour d'appel de Besançon, 30 janvier 2001).

Bénéficiaire du préavis réduit

C'est la mutation du titulaire du bail qui permet le bénéfice d'un préavis réduit. Ainsi, la mutation du concubin du locataire ne permet pas de réduire le préavis à un mois (cour d'appel de Dunkerque, 14 novembre 1984).

Toutefois, lorsqu'il existe une communauté de vie (époux, partenaires pacsés et concubins notoires), le conjoint de la personne touchée par l'événement peut également bénéficier du préavis réduit.

En colocation, c'est seulement le colocataire concerné par la mutation qui peut bénéficier du préavis et non l'ensemble des colocataires (cour d'appel de Paris, 11 mars 2004).

La perte d'emploi

Comme pour le motif de mutation professionnelle, la jurisprudence exerce un contrôle étroit sur la notion de perte d'emploi. La perte d'emploi ne saurait concerner une activité libérale ou commerciale. Un locataire qui n'est pas salarié ne peut être licencié et ne peut donc pas bénéficier d'un délai de préavis réduit (Cour de cassation, 3e civ., 18 juin 2002).

Sont exclus de la perte d'emploi, le changement d'activité volontaire, l'abandon de poste et la démission.

La non-reconduite d'un contrat à durée déterminée (CDD) permet au locataire de bénéficier du préavis réduit (Cour de cassation, 3e civ., 8 juillet 2009).

Moment de la perte d'emploi
La perte d'emploi doit être effective au moment du congé. Ainsi, la seule crainte du locataire d'être licencié ne suffit pas à réduire le délai du préavis à un mois.

En outre, le congé doit être donné à une date suffisamment proche de la perte d'emploi. La jurisprudence a déjà considéré par exemple qu'un congé donné onze mois et demi après la perte d'emploi ne permet pas au locataire de bénéficier d'un préavis réduit (cour d'appel de paris, 2 octobre 1995). En revanche, le congé donné deux mois et demi après la notification de la rupture du contrat de travail ouvre droit à un préavis réduit (cour d'appel de Paris, 10 février 1998).

Le bénéficiaire du préavis
Comme pour la mutation professionnelle, la perte d'emploi doit affecter personnellement le titulaire du bail et non la personne vivant dans le logement. Toutefois, les époux étant co-titulaires du bail à usage

d'habitation, il suffit qu'un seul des époux ait perdu son emploi pour justifier du délai de préavis raccourci. Les juges étendent le plus souvent la règle aux partenaires pacsés et aux concubins notoires.

L'obtention du premier emploi

Pour l'appréciation du premier emploi, il convient de considérer la date d'affiliation au régime de Sécurité sociale comme la date de référence du premier emploi du locataire quelle que soit la forme de son contrat de travail (cour d'appel de Bordeaux, 9 décembre 1999).

Le nouvel emploi consécutif à une perte d'emploi

Lorsque le locataire trouve un emploi après une période de chômage, il bénéficie d'un délai de préavis réduit à un mois. Il faut cependant que la perte d'emploi et le nouvel emploi interviennent au cours du bail (cour d'appel de Bordeaux, 9 décembre 1999).

Le locataire âgé

Si le locataire est âgé de plus de soixante ans et que son état de santé justifie un changement de domicile, il peut donner congé moyennant un délai de préavis réduit à un mois. La loi ne subordonne pas la réduction du délai de préavis à un accident de santé subit (Cour de cassation, 3e civ., 6 novembre 2001).

La preuve de l'état de santé du locataire demande à tout le moins la production d'un certificat médical, attestant par exemple que le logement est bruyant et nuit à la santé du locataire.

Le locataire bénéficiaire du revenu de solidarité active (RSA)

Le locataire bénéficiaire du RSA peut se prévaloir de la réduction à un mois du délai de préavis, peu importe que le versement de cette allocation soit antérieur de plusieurs mois à la délivrance du congé. Le locataire peut bénéficier du préavis réduit quand bien même il n'aurait pas averti le bailleur de sa situation particulière.

À l'expiration du délai de préavis, le locataire devient un occupant sans droit ni titre et doit quitter les lieux.

La forme du préavis

Les locataires mariés

Un seul époux ne peut pas, sans le consentement de l'autre, résilier le bail du logement familial (article 215 du Code civil). Autrement dit, le congé envoyé par un seul époux serait inopérant vis-à-vis de l'autre qui pourrait alors en demander l'annulation. Il est donc impératif que les deux époux donnent congé au moyen de deux courriers recommandés séparés et envoyés individuellement par chacun d'eux.

En cas de séparation ou d'abandon du domicile conjugal par l'un des époux, l'autre époux peut rester dans le logement sans aucune formalité.

Les locataires concubins, pacsés ou en colocation

Si les deux locataires signent le bail

- *Résiliation par un seul locataire* : un seul concubin pacsé, ou locataire, peut tout à fait donner congé et souhaiter quitter les lieux. Pour cela, il doit délivrer au bailleur un congé en bonne et due forme. Le concubin sortant conserve alors sa qualité de locataire jusqu'à l'échéance du préavis. L'autre concubin reste, quant à lui, locataire aux mêmes conditions. En effet, le congé donné par un seul concubin ne peut contraindre l'autre à quitter les lieux.

> **À savoir**
>
> Celui qui a donné congé ne peut jamais prétendre au remboursement de la moitié du dépôt de garantie qu'il a versée à l'entrée dans les lieux. Celui-ci constitue une garantie globale pour le bailleur et en tant que telle, il est indivisible.

- *Résiliation par les deux locataires* : si les deux concubins, partenaires ou colocataires souhaitent quitter les lieux, ils doivent impérativement donner congé séparément car ils sont tous deux titulaires du bail.

> **À savoir**
>
> En matière de préavis réduit à un mois, en tant que cosignataires du bail, il suffit que l'un des partenaires ou concubins réponde aux conditions pour que les deux puissent bénéficier de la réduction du préavis. Ce principe n'est pas applicable aux simples colocataires.

Si un seul locataire signe le bail

Il s'agit ici de concubins, de partenaires ou de colocataires dont l'un héberge l'autre ; ce dernier n'a donc aucun droit sur le logement. Celui qui est hébergé peut alors partir quand il le souhaite et sans préavis mais sa situation est évidemment plus précaire. En effet, le signataire du bail peut, quant à lui, donner congé unilatéralement et ainsi contraindre l'autre à quitter les lieux.

La résiliation par le bailleur

La durée du préavis

Le législateur a voulu conférer une protection au locataire. En effet, le bail a une durée intangible. Cela veut dire qu'il ne sera pas possible pour le bailleur de reprendre le logement en cours de bail sauf accord amiable entre les deux parties.

Dans tous les cas, le délai de préavis est de six mois. Il commence à courir le jour de la remise de la lettre recommandée avec accusé de réception à son destinataire. Toutefois, il faut savoir que si ce dernier est absent ou signe l'accusé de réception de manière illisible, la jurisprudence considère qu'il n'y a pas réception. C'est pourquoi nous vous conseillons d'envoyer votre congé bien avant le délai légal du préavis, pour avoir le temps, si jamais votre locataire est absent ou refuse la lettre recommandée avec accusé de réception, de mandater un huissier pour qu'il puisse délivrer le congé. À défaut, vous risquez d'être hors délai et de voir, par conséquent, votre préavis annulé faute d'avoir respecté le délai imparti par l'article 15-I de la loi du 6 juillet 1989. La conséquence dramatique, c'est que le contrat de location se renouvelle alors pour trois ou six ans selon que le bailleur est une personne physique ou morale.

La forme du préavis

Les locataires mariés

Le propriétaire bailleur est tenu d'informer les deux époux de son intention de donner congé, et ainsi, de mettre fin au contrat de location. En effet, le congé adressé à un seul époux est inopposable à l'autre.

Les règles de délivrance du congé sont strictes. Le congé doit normalement faire l'objet de deux courriers envoyés séparément en recommandé avec demandes d'avis de réception distinctes. Toutefois, la Cour de cassation, dans un arrêt rendu le 2 février 2000, décide d'admettre la validité d'une lettre recommandée unique adressée à « Monsieur et Madame », à la condition que l'accusé de réception soit signé par les deux époux.

Les locataires concubins, pacsés ou en colocation

Lorsque les deux locataires ont signé le bail, le propriétaire doit adresser le congé à chacun des partenaires, concubins, ou colocataires. En effet, chaque signataire est un titulaire du bail et un courrier recommandé doit être adressé à chacun d'entre eux.

En revanche, lorsque le bail n'est signé que par l'un des partenaires, concubin ou colocataire, celui-ci sera le seul destinataire du courrier recommandé contenant le congé du bailleur. Les personnes qui vivent avec le locataire ne sont pas titulaires du bail et n'ont donc aucun droit sur le logement loué.

Et si le locataire se marie ou se pacse en cours de bail et n'en informe pas le bailleur ?

En clair, le congé engagé contre lui seul peut-il tout de même être considéré comme valable ? Selon l'article 9-1 de la loi du 6 juillet 1989, *« les notifications ou significations faites par le bailleur sont de plein droit opposables au partenaire lié par un pacte civil de solidarité au locataire ou au conjoint du locataire si son existence n'a pas été préalablement portée à la connaissance du bailleur »*. Par conséquent, tant que le bailleur ne sait pas qu'un mariage ou un Pacs a été célébré, il peut parfaitement faire délivrer tous les actes nécessaires à la seule personne dont le nom figure sur le bail.

Néanmoins, la pratique doit inciter à la prudence, car la loi ne dit pas comment le bailleur peut être informé. Peut-il l'être par lettre recommandée ou par lettre simple ? Le simple paiement du loyer effectué sur un compte-chèques commun ne serait-il pas suffisant ? Les tribunaux répondent au cas par cas à ces questions. C'est pourquoi, avant d'entreprendre une procédure, il est plus que recommandé de s'informer sur la situation exacte de ses locataires.

La protection du locataire âgé

Le locataire âgé et aux ressources modestes dispose d'une protection particulière et il est difficile de lui donner congé. Toutefois, le propriétaire retrouve sa liberté de donner congé dans certaines circonstances.

Les conditions de la protection

Le locataire âgé de plus de soixante-dix ans et dont les ressources sont inférieures à une fois et demie le Smic bénéficie d'une protection particulière. Il ne peut se voir donner congé sans qu'une offre de relogement lui soit proposée. Compte tenu de la difficulté de formuler une offre de relogement, donner congé est donc parfois impossible.

> **À savoir**
>
> Concernant le locataire, les conditions d'âge et de ressources sont cumulatives !

Par ailleurs, deux précisions ont été apportées par les juges :
- pour le calcul des ressources du locataire, il ne faut tenir compte que de ses revenus réguliers. Les revenus exceptionnels, tels ceux perçus suite à une vente immobilière, ne doivent donc pas être retenus dans le calcul ;
- l'offre de relogement, pour être valable, doit être compatible avec les ressources régulières du locataire : une offre de relogement pour un montant de loyer seulement accessible en prenant en compte les ressources exceptionnelles du locataire est donc irrégulière.

La disparition de la protection

La loi prévoit que cette protection du locataire âgé et aux ressources modestes ne s'applique plus dès lors que le propriétaire bailleur remplit au moins l'une des deux conditions suivantes :
- il est âgé de plus de soixante ans ;
- il dispose de ressources inférieures à une fois et demie le Smic.

> **À savoir**
>
> Concernant le propriétaire, les conditions d'âge et de ressources sont alternatives !

Les juges ont apporté une précision intéressante : lorsque le bien est en indivision, il suffit qu'un seul des indivisaires remplisse l'une des deux conditions mentionnées ci-dessus pour que le congé donné soit valable.

Les motifs de résiliation

Le congé pour vente

Le congé donné par le bailleur en vue de la vente du logement est très encadré par l'article 15-II de la loi du 6 juillet 1989. Il doit contenir une offre de vente au profit du locataire. Cet article offre au locataire un droit de priorité sur la vente du bien : le bailleur doit proposer au locataire d'acheter le bien avant de pouvoir le vendre à un tiers.

Moment du congé

Le congé pour vente doit respecter les modalités de tous les congés : il doit être donné avec un délai de préavis de six mois avant l'expiration du bail par lettre recommandée avec demande d'avis de réception ou par acte d'huissier.

Ainsi, un bail signé le 15 septembre 2009 a pour échéance le 14 septembre 2012. Le congé devra donc être reçu par le locataire le 14 mars 2012 au plus tard.

Pour s'assurer de la validité du congé, le bailleur prendra soin d'envoyer la lettre de congé contenant l'offre de vente sept mois avant l'échéance du bail. Si le locataire ne va pas chercher la lettre recommandée à La Poste, par mégarde ou par mauvaise foi, le bailleur aura le temps de faire appel à un huissier pour la signification du congé.

Forme du congé

Le congé pour vente obéit à un formalisme très strict ; il doit comporter un certain nombre de mentions obligatoires.

Le locataire bénéficie d'un droit de préemption sur le bien mis en vente. Afin de s'assurer qu'il a bien été mis en mesure de profiter de cet avantage, l'article 15 de la loi du 6 juillet 1989 exige que le congé comporte :

- le prix de vente. Il doit être clairement indiqué, la mention « prix à débattre » n'étant pas suffisante. L'indétermination du prix entraîne la nullité du congé. En revanche, il n'est pas nécessaire d'indiquer le nom du notaire, la date ou les frais de la vente ;

– les conditions de la vente. Elles doivent être fixées dans l'acte de notification lui-même. Le congé doit contenir la dénomination complète du bien : la cession proposée doit porter sur le local loué, sur tout le local mais seulement sur ce local.

Pour les lots en copropriété, l'offre de vente doit préciser la part des millièmes de copropriété affectée par ce lot. En revanche, il n'est nullement besoin de joindre le règlement de copropriété ou l'état descriptif de division. La surface Loi Carrez n'est pas requise.

– la reproduction intégrale de l'article 15 II de la loi du 6 juillet 1989.

> ☞ *Vous pouvez vous procurer notre modèle de congé pour vente*
> *par téléchargement sur le site www.pap.fr,*
> *dans nos bureaux ou par correspondance.*

Le droit de préemption du locataire

– *Exclusion du droit de préemption*. Le droit de préemption du locataire s'efface lorsque :
  - le bailleur décide de vendre à un parent jusqu'au quatrième degré, sous la condition que celui-ci occupe le logement pendant au moins deux ans à compter de la fin du délai de préavis ;
  - la commune exerce son droit de préemption urbain ;
  - l'immeuble est frappé d'une interdiction d'habiter ou d'un arrêté de péril, ou bien est déclaré insalubre ;
  - l'immeuble comporte, pour le quart au moins de sa superficie totale, des logements loués ou occupé classés dans la catégorie IV de la loi du 1er septembre 1948.

– *Exercice du droit de préemption* :
  - le locataire refuse l'offre de vente. Il est alors déchu de son titre d'occupation sur le local à l'issue du délai de préavis ;
  - le locataire accepte l'offre de vente. Il signifie son acceptation au vendeur par lettre recommandée avec avis de réception. Il dispose alors à compter de la date d'envoi de son acceptation d'un délai de deux mois pour réaliser l'acte de vente. Ce délai est porté à quatre mois si dans sa réponse, le locataire a subordonné son acceptation à l'obtention d'un crédit. Si, à l'expiration de ce délai, l'acte de vente n'est pas réalisé, l'offre de vente est nulle et le locataire est déchu de tout droit d'occupation sur le local à l'issue du délai de préavis.

La reprise pour habiter

Le propriétaire peut aussi refuser le renouvellement du bail s'il souhaite occuper le logement lui-même ou le faire occuper par l'un de ses parents proches.

Le bailleur doit alors adresser au locataire six mois avant la fin du bail une lettre de congé (lettre recommandée avec accusé de réception ou acte d'huissier).

Le congé précise obligatoirement le nom et l'adresse du bénéficiaire de la reprise (article 15-I de la loi du 6 juillet 1989).

Seules certaines personnes peuvent bénéficier de la reprise. Il s'agit d'une liste limitative :
- le bailleur ;
- le conjoint du bailleur, le partenaire avec qui il a signé un Pacs ou son concubin notoire (depuis au moins un an à la date du congé) ;
- les ascendants du bailleur, ceux de son conjoint, de son partenaire ou de son concubin ;
- les descendants du bailleur, ceux de son conjoint, de son partenaire ou de son concubin.

À savoir

Pour relouer ou vendre le logement, le bailleur ne peut exiger de son locataire qu'il laisse visiter le local plus de deux heures par jour ouvrable, et ce uniquement pendant la durée du préavis légal.

Le congé pour motif légitime et sérieux

C'est le dernier motif possible pour ne pas reconduire le contrat de location. La loi précise notamment l'inexécution par le locataire de l'une des obligations lui incombant.

Le propriétaire qui donne congé doit donc soigneusement indiquer le motif invoqué. En cas de contestation, seul un tribunal (le juge d'instance) pourra décider si le motif était ou non légitime et sérieux.

Motifs de congé imputables au locataire : violation de l'interdiction de sous-louer, défaut de paiement régulier du loyer, transformation du logement sans accord du bailleur.
Motifs de congé strictement personnels au bailleur, indépendamment de toute faute du locataire : désir de faire des travaux importants dans le logement ou même désir de démolir pour reconstruire.

Le délai de préavis court à compter de la date de réception du congé délivré par le bailleur ou par le locataire. La date de réception est celle de la remise en main propre de la lettre recommandée au destinataire et non pas sa première présentation. Par ailleurs, en matière d'acte d'huissier, la réception est celle de la signification de l'acte.

Il est indispensable de respecter attentivement les règles de forme imposées par la loi. À défaut, le congé est nul. En particulier, le propriétaire devra adresser son congé à chacun des époux si ses locataires sont mariés. Exception : si le bail a été conclu avec un locataire célibataire, le congé sera valablement donné à lui seul s'il n'a pas averti le propriétaire de son mariage (article 9-1 de la loi du 6 juillet 1989 créé par la loi du 21 juillet 1994).

À savoir

Les contrats de six ans de sortie de la loi de 1948 n'autorisent pas le bailleur à donner congé en cours de contrat. Le propriétaire devra donc attendre le terme pour donner congé pour vendre, habiter, ou pour motif légitime et sérieux.

La résiliation pour non-paiement

Le non-paiement du loyer, des charges dûment justifiées ou du dépôt de garantie, peut être sanctionné par la résiliation du contrat et donc conduire à l'expulsion du locataire. Toutefois, il faut relativiser. L'immense majorité, pour ne pas dire la quasi-totalité, des locations se passe bien et même très bien. Simplement, le risque zéro n'existe pas. Pour limiter au maximum l'impayé, quelques règles élémentaires sont à connaître. Si, malgré tout, l'affaire est plus sérieuse, des moyens plus radicaux sont à la disposition du propriétaire.

La mise en demeure de payer

En cas de retard de paiement, et après une éventuelle première relance, le bailleur doit rapidement adresser au locataire une lettre recommandée avec accusé de réception pour le mettre en demeure de le régler et, s'il le juge utile, de lui proposer un arrangement amiable. Ce n'est que dans le cas où aucune solution n'est trouvée qu'il doit entamer une procédure.

Il est toujours très efficace d'informer parallèlement la caution.

> **À savoir**
>
> L'ensemble des frais que le bailleur engage pour recouvrer sa créance (lettres recommandées et frais d'huissier) ne sont récupérables sur le locataire défaillant que lorsqu'une décision de justice l'a décidé.

Le commandement de payer

Le commandement de payer visant la clause résolutoire du contrat de location est le premier acte de la procédure. Pour le faire délivrer, le propriétaire doit s'adresser à un huissier de justice et lui communiquer une copie du contrat de location ainsi qu'un état de la dette.

> **À savoir**
>
> Si le locataire a obtenu une caution solidaire, communiquez à l'huissier une copie de ce document, car la caution doit être informée dans les quinze jours.

Une clause résolutoire est une disposition du bail qui met fin « automatiquement » au contrat de location à la survenance d'un événement particulier (non-paiement du loyer par exemple). Attention, l'automaticité n'est que relative. En effet, le bailleur doit toujours demander à un juge, le président du tribunal d'instance en l'occurrence, de valider la résiliation de bail.

À compter du commandement, le locataire a deux mois pour payer ou négocier un échéancier de paiement. À défaut, le propriétaire doit lui faire délivrer une assignation, c'est-à-dire une convocation à comparaître devant le tribunal d'instance pour que le bail soit résilié.

À savoir

Le locataire peut lui aussi saisir le tribunal d'instance pour solliciter des délais de paiement de vingt-quatre mois maximum.

Dès le commandement de payer, le locataire doit être informé qu'entre l'assignation et l'audience deux mois doivent s'écouler. Autrement dit, il y a quatre mois minimum entre le commandement et l'audience.

L'assignation en référé

Pour assigner le locataire devant le tribunal d'instance du lieu de situation du logement, le bailleur doit s'adresser à un huissier. Il obtiendra alors son départ et l'autorisation de procéder au recouvrement de la dette, au besoin par voie de saisie. Cette assignation doit de plus être adressée au préfet, par lettre recommandée avec accusé de réception, afin que des solutions soient envisagées avec les services sociaux.

L'audience

Lors de l'audience, les parties avancent leurs arguments et le juge met l'ordonnance (sa décision) en délibéré.

À savoir

Devant le tribunal d'instance, l'assistance d'un avocat n'est pas obligatoire. Les frais sont donc très limités.

L'ordonnance d'expulsion

L'ordonnance, c'est-à-dire le jugement, est rendue rapidement. À partir de là, le locataire devient occupant sans droit ni titre. Autrement dit, il doit partir car il n'a plus de bail.

Ce jugement est aussi un titre exécutoire. Il reconnaît la créance du bailleur et l'autorise à la recouvrer, au besoin par voie de saisie (saisie des rémunérations, des comptes bancaires, du mobilier, des véhicules, des capitaux mobiliers…).

Enfin, le contrat n'existant plus, le juge va donc autoriser le propriétaire à demander, jusqu'au départ de l'occupant, non plus des loyers, mais des indemnités d'occupation. Leur montant est censé représenter au moins le loyer et les charges, augmentés de dommages et intérêts.

À savoir

Si le locataire semble en mesure de régler sa dette, le juge du tribunal d'instance peut, même de sa propre initiative, accorder des délais de paiement.

La signification du jugement

Le jugement doit être signifié. En effet, la loi impose que le locataire soit informé par huissier de la décision qui a été prise contre lui.

L'occupant peut, dans le mois qui suit cette signification, solliciter du juge ayant prononcé l'expulsion des délais l'autorisation de rester plus longtemps.

Le commandement de quitter les lieux

Cet acte, délivré par huissier, laisse deux mois à l'occupant pour partir et fixe une date limite.

Le préfet doit être informé de cette situation afin de prévoir, si nécessaire, des solutions de relogement.

À savoir

Du 1er novembre au 15 mars (du 15 octobre au 1er avril à Paris), l'expulsion et tous les actes qui y concourent sont suspendus. C'est ce que l'on appelle la trêve hivernale. Pour autant, les commandements de payer, la résiliation des baux et toutes les procédures de recouvrement par voie de saisie restent applicables.

Le recours de l'occupant

Le délai obligatoire de deux mois à compter du commandement de quitter les lieux permet à l'occupant de solliciter non plus du tribunal d'instance, mais du tribunal de grande instance (juge de l'exécution) un nouveau sursis.

Depuis la loi de lutte contre les exclusions de 1998, le tribunal de grande instance peut être saisi plus facilement. En effet, l'huissier n'est plus un passage obligé. Désormais, une simple lettre recommandée avec AR adressée au secrétariat-greffe du tribunal concerné suffit.

Le procès-verbal de tentative d'expulsion

Si, à la date prévue dans le commandement de quitter les lieux, l'occupant n'est pas parti, l'huissier se présente à son domicile et tente de l'expulser.

En cas d'opposition, il ne peut pas employer la force. Il lui est également interdit de pénétrer dans les lieux en l'absence de l'occupant. Si la tentative échoue, il doit se retirer pour requérir du préfet le concours de la force publique qui, normalement, doit lui être accordée.

L'accord de force publique

Le préfet est tenu de permettre l'exécution des décisions de justice, il n'a pas à juger de l'opportunité de la situation. Il a, dans tous les cas, deux mois pour répondre au propriétaire. Quand le concours est accordé, les forces de police s'accordent alors avec l'huissier pour fixer une date d'exécution. Le jour de l'expulsion, un inventaire du mobilier est dressé par l'huissier et les meubles sont entreposés dans un local, que le propriétaire aura réservé, et peuvent être saisis et vendus pour rembourser la dette.

La résiliation pour défaut d'assurance

La loi du 6 juillet 1989 oblige le locataire à s'assurer contre les risques locatifs et à en justifier auprès du bailleur. Pour ce faire, l'article 7 g) de la loi du 6 juillet 1989 prévoit que le locataire recevra de son assureur une attestation qu'il devra remettre au propriétaire.

Pour sanctionner le défaut d'assurance, il est permis de prévoir par une clause, la résiliation de plein droit du contrat lorsque le locataire ne justifie pas avoir souscrit une assurance garantissant ses risques locatifs. Le bailleur procédera alors de la même manière qu'en cas de non-paiement du loyer et fera adresser à son locataire un commandement d'huissier. Toutefois, le locataire ne dispose que d'un mois, après réception du commandement (alors qu'en cas de non-paiement du loyer il dispose de deux mois) pour produire son attestation d'assurance avant que ne joue la clause résolutoire du contrat (article 7 g) de la loi du 6 juillet 1989).

La résiliation du contrat pour trouble anormal du voisinage

Pour responsabiliser les locataires et mieux sanctionner les troubles de voisinage, il est possible de prévoir par une clause (contenue dans les contrats que nous éditons) la résolution de plein droit du contrat en cas de troubles de voisinage.

Parallèlement, la loi rappelle clairement l'obligation qu'ont les propriétaires d'agir lorsque leurs locataires commettent des troubles de voisinage. Les propriétaires ne peuvent donc pas faire preuve d'inertie, sauf à voir leur responsabilité engagée. Ils doivent au contraire agir, notamment en poursuivant le locataire en justice.

Le transfert du bail : l'abandon de domicile et le décès du preneur

En cas de décès ou d'abandon de domicile par le locataire, le contrat est résilié de plein droit à moins que l'on soit en présence des personnes suivantes (article 14 de la loi du 6 juillet 1989) :

- le conjoint ;
- les descendants qui vivaient avec lui depuis au moins un an au moment du décès ou de l'abandon de domicile ;
- les ascendants, concubin notoire ou personnes à charge qui vivaient avec lui depuis au moins un an à la date du décès ou de l'abandon de domicile ;
- le partenaire auquel il était lié par un Pacs.

Par ailleurs, il faut savoir que la notion d'abandon de domicile implique un départ brusque et imprévisible du locataire. Si la séparation a été convenue entre eux, le transfert du bail ne jouera pas. Une absence prolongée ou un changement de résidence ne suffisent donc pas pour constituer un abandon de domicile. En revanche, la jurisprudence a conclu à l'abandon de domicile dans l'hypothèse du placement *définitif et imposé* du locataire en maison de retraite.

C'est à la personne qui souhaite bénéficier du transfert du bail d'apporter la preuve de la réunion des conditions à remplir. Dans le cas d'un conflit entre plusieurs bénéficiaires potentiels, c'est le juge qui tranchera en fonction des intérêts en présence.

Par le transfert automatique du bail, le locataire devient personnellement titulaire du contrat de location. À cet effet, le propriétaire pourra lui réclamer immédiatement le paiement du loyer et des charges.

Dans toutes les autres situations, le contrat est résilié de plein droit.

Le renouvellement du contrat

Nous avons vu comment déterminer le terme du contrat en cours. Cette date est effectivement capitale car c'est à ce moment qu'à défaut de congé, s'opère le renouvellement.

Le bailleur à l'occasion du renouvellement, a la possibilité d'augmenter le loyer. Le nouveau prix proposé doit être fixé par comparaison aux loyers de locations similaires constatés depuis les trois dernières années (article 17 c) de la loi du 6 juillet 1989).

Rappel : À Paris et en région parisienne, un décret de blocage des loyers fait échec au mécanisme de l'article 17 c). Depuis 1993, ce décret est repris chaque année à l'identique au mois d'août[1]. Le décret n° 2011-1017 du 26 août 2011 reconduit le blocage des loyers jusqu'au 31 août 2012.

---

1. Voir note page 26.

Comment faire ?

Lorsque le terme du bail approche, le bailleur a le choix entre deux attitudes :

- soit donner congé en invoquant un motif : vente du logement, reprise du logement pour l'habiter ou motif légitime et sérieux, notamment inexécution par le locataire d'une des obligations lui incombant ;
- soit proposer une augmentation de loyer étalée sur trois ans (hausse maximale de 10 %) ou sur six ans (hausse supérieure à 10 %).

Si le bailleur garde le silence, il s'opère un renouvellement tacite du bail pour la même durée que le bail antérieur. Et enfin, si une personne morale a donné le logement en location, le nouveau bail a une durée de six ans (article 10 alinéa 2 de la loi du 6 juillet 1989).

En ce qui concerne les formalités à respecter pour augmenter le loyer ou pour donner congé, vous pouvez vous reporter aux paragraphes ci-dessus « Le loyer de renouvellement » et « La résiliation du bail », puisque les mêmes règles s'appliquent quelle que soit la date d'entrée dans les lieux du locataire.

L'annulation de plein droit de proposition de nouveau loyer

Lorsque le bailleur n'a pas envoyé sa proposition dans les conditions légales, à savoir par lettre recommandée avec accusé de réception ou exploit d'huissier et six mois avant le terme du contrat, la proposition d'augmentation est annulée de plein droit (article 17 c) de la loi du 6 juillet 1989).

La contestation de la proposition d'augmentation

Si bailleur et locataire ne parviennent pas à trouver un accord sur le montant de l'augmentation, il faut saisir la Commission de conciliation au plus tard deux mois après la nouvelle proposition de renouvellement.

En cas d'échec de la conciliation, on doit saisir le juge dans le délai maximal de deux mois après la saisine de la commission.

Chaque partie – tant le bailleur que le locataire – peut saisir la Commission de conciliation puis le juge. Mais en pratique, seul le bailleur a intérêt à le faire, puisque le silence du locataire ou son refus de l'augmentation empêche le nouveau bail de prendre effet aux nouvelles conditions de loyer proposées par le propriétaire. Si l'un de ces délais n'est pas respecté, le bail se reconduit aux conditions antérieures de loyer (article 17 c) de la loi du 6 juillet 1989).

L'état du logement

L'état du logement en début de bail

Un logement décent

Le logement loué soumis aux dispositions de la loi du 6 juillet 1989 doit être décent, notion précisée par le décret 2002-120 du 30 janvier 2002.

Ce texte ne veut pas dire pour autant que le logement doit être remis à neuf à chaque nouvelle location, mais que tout ce qui constitue et équipe le logement doit être en bon état. Il n'en est pas ainsi s'il est trop usagé ou trop sale pour permettre une installation immédiate du locataire.

Une surface ou un volume habitable

Le logement doit disposer au moins d'une pièce principale ayant soit une surface habitable au moins égale à 9 mètres carrés et une hauteur sous plafond au moins égale à 2,20 mètres, soit un volume habitable au moins égal à 20 mètres cubes.

Le calcul de la superficie et du volume

La surface habitable et le volume habitable sont déterminés conformément aux dispositions des deuxième et troisième alinéas de l'article R. 111-2 du Code de la construction et de l'habitation.

Nous rappelons que la superficie habitable est la surface de plancher construite, après déduction des surfaces occupées par les murs, cloisons, marches et cages d'escalier, gaines, embrasures de portes et fenêtres.

Le volume habitable correspond au total des surfaces habitables ainsi définies multiplié par les hauteurs sous plafond.

Les superficies exclues
Sont exclues la superficie des combles non aménagés, caves, sous-sols, remises, garages, terrasses, loggias, balcons, séchoirs extérieurs au logement, vérandas, volumes comportant au moins 60 % de parois vitrées dans le cas des habitations collectives et au moins 80 % de parois vitrées dans le cas des habitations individuelles, les locaux communs et autres dépendances des logements ainsi que les parties de locaux d'une hauteur inférieure à 1,80 mètre (article R 111-2 du Code de la construction et de l'habitation).

Rappel : tout contrat de location vide signé depuis le 28 mars 2009 doit indiquer la surface habitable du logement (article 78 de la loi du 25 mars 2009 de Mobilisation pour le logement et la lutte contre l'exclusion, dite « loi Boutin »)[1].

Une sécurité et salubrité suffisante
Le clos et le couvert
Le logement doit assurer le clos et le couvert :
- le gros œuvre du logement et de ses accès est en bon état d'entretien et de solidité, et protège les locaux contre les eaux de ruissellement et les remontées d'eau ;
- les menuiseries extérieures et la couverture avec ses raccords et accessoires assurent la protection contre les infiltrations d'eau dans l'habitation.
Pour les logements situés dans les départements d'outre-mer, il peut être tenu compte, pour l'appréciation des conditions relatives à la protection contre les infiltrations d'eau, des conditions climatiques spécifiques à ces départements ;
- les dispositifs de retenue des personnes, dans le logement et ses accès, tels que garde-corps des fenêtres, escaliers, loggias et balcons, sont dans un état conforme à leur usage ;
- la nature et l'état de conservation et d'entretien des matériaux de construction, des canalisations et des revêtements du logement

---

1. Voir page 6.

ne présentent pas de risques manifestes pour la santé et la sécurité physique des locataires.

Gaz, électricité et chauffage

Les réseaux et branchements d'électricité et de gaz et les équipements de chauffage et de production d'eau chaude sont conformes aux normes de sécurité définies par les lois et règlements, et sont en bon état d'usage et de fonctionnement.

Ventilation et lumière

Les dispositifs d'ouverture et de ventilation des logements permettent un renouvellement de l'air adapté aux besoins d'une occupation normale du logement et au fonctionnement des équipements.

Les pièces principales, de séjour et de sommeil, bénéficient d'un éclairement naturel suffisant et d'un ouvrant donnant à l'air libre ou sur un volume vitré donnant à l'air libre.

Éléments d'équipement et de confort

Le logement doit comporter les éléments d'équipement et de confort suivants :

Chauffage

La loi impose une installation permettant un chauffage normal, munie des dispositifs d'alimentation en énergie et d'évacuation des produits de combustion, et adaptée aux caractéristiques du logement.

Eau potable et évacuation des eaux usées

Une installation d'alimentation en eau potable assurant à l'intérieur du logement la distribution avec une pression et un débit suffisants pour l'utilisation normale de ses locataires est exigée.

Sont également obligatoires les installations d'évacuation des eaux ménagères et des eaux-vannes empêchant le refoulement des odeurs et des effluents, et munies de siphon.

Appareils de cuisson

Le locataire doit disposer d'une cuisine ou d'un coin cuisine aménagé de manière à recevoir un appareil de cuisson et comprenant un évier raccordé à une installation d'alimentation en eau chaude et froide, et à une installation d'évacuation des eaux usées.

Installations sanitaires

L'installation sanitaire intérieure au logement doit comprendre :

- un w-c, séparé de la cuisine et de la pièce où sont pris les repas ;
- un équipement pour la toilette corporelle, comportant une baignoire ou une douche, aménagé de manière à garantir l'intimité personnelle, alimenté en eau chaude et froide, et muni d'une évacuation des eaux usées.

L'installation sanitaire d'un logement d'une seule pièce peut être limitée à un w-c extérieur au logement à condition que ce dernier soit situé dans le même bâtiment et facilement accessible.

Électricité et éclairage

Le réseau électrique doit permettre l'éclairage suffisant de toutes les pièces et des accès, ainsi que le fonctionnement des appareils ménagers courants indispensables à la vie quotidienne.

La sanction de l'obligation de décence

Si le logement ne satisfait pas aux conditions de décence, le locataire peut demander à son propriétaire la mise en conformité du logement, sans qu'il soit porté atteinte à la validité du contrat en cours. Le locataire doit tout d'abord mettre en demeure son bailleur d'effectuer les travaux de mise aux normes qu'il juge nécessaire.

À défaut d'accord ou à défaut de réponse du propriétaire dans un délai de deux mois, le propriétaire ou le locataire doivent obligatoirement saisir la Commission départementale de conciliation. Si cette commission constate que le désaccord persiste, le juge peut alors être saisi par l'une ou l'autre des parties.

Le juge détermine alors, le cas échéant, la nature des travaux à réaliser et le délai de leur exécution. Il peut également réduire le montant du loyer ou suspendre, avec ou sans consignation, son paiement et la durée du bail jusqu'à l'exécution de ces travaux. Le juge peut donc immédiatement diminuer le montant du loyer ou même en suspendre tout paiement sans qu'il lui soit besoin de constater l'inertie du bailleur dans la réalisation des travaux.

De telles dispositions montrent bien tout l'intérêt qu'ont les bailleurs à louer dès le départ des logements décents et en bon état.

Le non-respect des critères de décence porte également préjudice au locataire. En effet, pour obtenir le droit aux allocations logement, le local loué doit obligatoirement répondre aux conditions de décence. Si tel n'est pas le cas, l'allocation logement ne peut être accordée, sauf si le locataire a demandé sa mise en conformité ou s'il a engagé une action en justice (l'allocation logement est alors maintenue jusqu'à la réalisation des travaux). En outre, les caisses d'allocations familiales peuvent procéder à toute vérification sur place, et si le logement ne correspond pas aux conditions de décence prévues, le versement de l'allocation en tiers payant (entre les mains du propriétaire) pourra être suspendu.

L'état du logement en cours de bail

Au cours de la location, le logement devra être entretenu ; il pourra nécessiter des travaux. L'article 6 de la loi du 6 juillet 1989 précise dans une certaine mesure qui, du locataire ou du propriétaire, assume la charge financière de ces réparations. Pourtant, aucun décret ne peut résoudre tous les cas de détails. Quelques principes clairs et l'application de solutions de bon sens permettent de mieux s'y retrouver et de prévenir la plupart des litiges.

Les réparations locatives : à la charge du locataire

Le locataire doit disposer d'un logement en bon état et il doit l'y maintenir. Le décret n° 87-712 du 26 août 1987 fixe une liste non exhaustive des réparations locatives. Vous n'y trouverez donc pas toujours le détail que vous y cherchez.

Pourtant, la lecture de ce décret peut vous aider à savoir si telle ou telle réparation incombe au propriétaire ou au locataire car son principe est toujours le même : l'entretien normal du logement et les réparations courantes ou menues réparations sont toujours à la charge du locataire.

Bien entendu, le locataire doit aussi réparer tout ce qu'il détériore par un usage anormal. En revanche, il n'est pas responsable des dégradations occasionnées par la vétusté, des vices de construction ou malfaçons, ou encore par cas de force majeure.

Chaudières : un entretien annuel sans faute !

Depuis un décret n° 2009-649 du 9 juin 2009, les chaudières de 4 à 400 kilowatts alimentées par des combustibles gazeux, liquides ou solides (gaz, fioul, bois, granulés, charbon, etc.) doivent impérativement faire l'objet d'un contrôle et d'un entretien annuel par un professionnel qualifié (un entretien doit être effectué au cours de chaque année civile).

L'entretien des chaudières individuelles est à la charge de l'occupant, c'est-à-dire du locataire lorsque le logement est loué.

À noter : l'entretien des chaudières collectives est à la charge du syndicat des copropriétaires des immeubles collectifs ou du propriétaire si l'immeuble est détenu par un seul propriétaire.

Le contrôle et l'entretien doivent être effectués une fois par an par un professionnel qualifié. Il va vérifier, nettoyer et régler la chaudière. À l'occasion de ce contrôle, il est également tenu de donner des conseils sur le bon usage et les améliorations possibles et sur l'intérêt éventuel du remplacement de la chaudière. Dans les quinze jours qui suivent son intervention, il établit et remet une attestation d'entretien à conserver pendant au moins deux ans afin de pouvoir la présenter en cas de contrôle.

La vétusté : à la charge du bailleur

La vétusté est le résultat d'un usage prolongé et normal du bien loué. Cette distinction est très importante, mais pas toujours facile à faire. En voici deux exemples.

Exemples

2005 : un propriétaire fait repeindre son logement et changer les moquettes. Il loue le local dès les travaux terminés. 2012 : son locataire part. La peinture est sale et ternie, la moquette est usée aux endroits de forts passages. Le propriétaire demande à son locataire de faire repeindre le local et de changer la moquette. Or il s'agit seulement de vétusté, et celle-ci est à la charge du propriétaire.

2010 : un propriétaire fait repeindre son logement et changer les moquettes. Il loue le local dès les travaux terminés. 2012 : son locataire part. Les murs sont sales dans la cuisine et la salle de bains, la moquette est usée. Le propriétaire demande à son locataire de faire repeindre les pièces endommagées et de changer la moquette. C'est logique, ces détériorations provenant d'un usage anormal : le locataire avait supprimé les ventilations des pièces humides, et lessivé abusivement la moquette.

Quelques conseils pour déterminer en pratique les responsabilités de chacun

Le bailleur doit conserver toutes factures de travaux ou d'achat. C'est essentiel pour :

- faire jouer les garanties ;
- faire la preuve, le cas échéant, de sa bonne foi ;
- voir le temps passer (trop souvent, on pense avoir changé un chauffe-eau il y a deux ou trois ans… quand cela fait déjà cinq ans !).

Le locataire doit solliciter un accord écrit du propriétaire avant de commencer des travaux, même en cas de réparation urgente. S'il s'agit de petits travaux dont l'urgence est incontestable (une fuite, par exemple), le locataire pourra obtenir le remboursement auprès du propriétaire si les travaux sont réalisés à un prix raisonnable et justifiés par des factures.

Les vices de construction ou malfaçons

Local mal construit ? Installation mal réalisée ? Ce n'est pas au locataire d'en supporter les conséquences financières, mais au propriétaire. Celui-ci pourra, dans la majorité des cas, se retourner contre le constructeur ou l'installateur.

Le locataire signalera immédiatement et par écrit, au moyen d'une lettre recommandée avec accusé de réception, une défectuosité de ce type au propriétaire, justement pour permettre à ce dernier de ne pas laisser échapper ses possibilités de recours. Là encore, reconnaissons que dans la pratique, il est parfois difficile de savoir si une réparation résulte d'une construction ou installation défectueuse.

Voici les deux moyens de détection classiques :
- plusieurs logements dans l'immeuble connaissent le même problème. Le locataire le signalera à son propriétaire, celui-ci en référera à son syndic. À lui de dépêcher un homme de l'art et d'entreprendre ce qui s'impose ;
- le dépanneur (appelé en cas d'urgence) le signale. Comme dans tous les cas, le locataire doit lui demander de détailler sa facture et d'y indiquer clairement les raisons de son intervention.

Les autres réparations

Ce sont toutes les « grosses réparations » touchant au gros œuvre et les réparations importantes sur tous les éléments d'équipement. C'est aussi, d'une façon générale, tout ce qui assure la conservation du bâtiment et qui fait que le local demeure en état de servir à l'usage indiqué dans le contrat de location.

L'aménagement ou la transformation des locaux

Le locataire est tenu de ne pas transformer les locaux et équipements loués sans l'accord écrit du propriétaire. Si le locataire outrepasse cette interdiction, le bailleur pourra, à son départ, exiger la remise en état initial des lieux ou conserver les travaux sans indemniser le locataire. Lorsque la transformation effectuée par le locataire met en péril le bon fonctionnement des équipements ou la sécurité du local, le propriétaire peut exiger la remise en état immédiate. En revanche, le propriétaire ne peut s'opposer à ce que le locataire aménage le logement à sa guise. L'aménagement se limite à permettre une utilisation plus rationnelle des lieux loués. Les décisions des tribunaux précisent la distinction entre transformation et aménagement.

Les litiges et les sanctions

Pendant la durée du bail, les rapports entre locataire et propriétaire peuvent parfois s'envenimer pour diverses raisons. Cela peut être un dépôt de garantie non restitué par le propriétaire, des réparations qui lui incombent non effectuées ou inversement, un usage non paisible des lieux par le locataire. En cas de litige, il est toujours préférable d'arriver à un accord amiable plutôt que de se lancer dans une guerre procédurale. Néanmoins, nous avons vu que certaines démarches imposaient le recours à la lettre recommandée et que certains désaccords pouvaient conduire devant le tribunal d'instance.

Une solution amiable toujours préférable

Dès l'apparition d'un problème ou d'un litige, il est indispensable dans un premier temps de prendre contact avec la partie adverse afin de désamorcer le conflit. Ensuite, il ne faut pas hésiter à lui adresser une lettre simple indiquant clairement les raisons du problème.

En matière de réparations par exemple, le locataire a tout intérêt à décrire avec précision les défauts constatés et leur localisation. Si aucune réponse n'a lieu ou si la partie adverse répond par la négative, il est alors judicieux de lui adresser une lettre recommandée avec accusé de réception dont le contenu est identique au précédent courrier, si ce n'est l'en-tête de la lettre qui doit faire apparaître les termes « mise en demeure », préalable quasi obligé avant des poursuites plus officielles. En outre, il est important de fixer dans la lettre un délai de réponse au-delà duquel le locataire ou le propriétaire indiquera qu'il se verra contraint de l'assigner devant les tribunaux pour le voir condamner à s'exécuter.

À savoir

Trop de locataires, face à un litige, décident de bloquer le règlement de leur loyer. Ceci est une grave erreur et peut entraîner la résiliation du contrat pour défaut de paiement des loyers. En effet, il existe un principe intangible en droit français d'où il ressort qu'il est interdit de se faire justice soi-même. Seul un recours devant les tribunaux permet au locataire d'obtenir gain de cause.

Le cas récurrent des travaux

En matière de réparations incombant au propriétaire, le principe est le suivant : un locataire ne doit entreprendre des travaux en lieu et place du propriétaire qu'après :

- avoir obtenu un accord, de préférence écrit, du propriétaire ; accord qui définit les modalités d'exécution et de remboursement de ces travaux ;

– avoir obtenu l'autorisation du tribunal si une solution amiable n'a pas été trouvée, celui-ci fixant aussi les modalités de remboursement des travaux (le plus fréquemment par retenue sur les loyers futurs).

Que faire en présence de travaux urgents ?

Lorsque les travaux revêtent un caractère d'urgence, on pourrait penser que le locataire est dans l'obligation de les faire effectuer avant même d'avoir pu prévenir le bailleur.

En réalité, il est conseillé au locataire d'obtenir préalablement l'accord de son bailleur. En effet, la notion d'urgence est sujette à interprétation. Dans l'hypothèse d'une canalisation qui se met à fuir un week-end nécessitant une intervention rapide d'un plombier, il serait *a priori* difficile pour le bailleur de refuser le remboursement des travaux réalisés à un prix raisonnable, justifié bien évidemment par une facture. En revanche, dans l'hypothèse de travaux plus onéreux ou dont l'urgence est contestable, le locataire qui débourse des frais risque de ne pas pouvoir en exiger le remboursement au propriétaire qui n'a pas donné son accord pour les travaux.

La Commission de conciliation

Il existe dans chaque département (auprès des services de la préfecture), une commission départementale de conciliation composée de représentants d'organisations de bailleurs et d'organisations de locataires en nombre égal, dont la compétence porte sur les litiges locatifs. La commission rend un avis dans le délai de deux mois à compter de sa saisine, et s'efforce de concilier les parties.

En dehors des litiges relatifs aux augmentations de loyers, la Commission départementale de conciliation est également compétente en ce qui concerne les litiges ayant trait à l'état des lieux, le dépôt de garantie, les charges locatives, les réparations mais aussi la décence du logement.

La commission peut être saisie gratuitement, soit par le propriétaire, soit par le locataire. Elle s'efforce de concilier les parties et, à défaut, rend un avis qui peut, le cas échéant, être transmis au juge si celui-ci est saisi.

Cette démarche est intéressante en soi, car elle peut éviter les inconvénients d'une procédure judiciaire.

La procédure judiciaire

En matière de location d'habitation, le tribunal compétent est le tribunal d'instance du lieu de situation du logement loué. L'avantage, c'est que la présence de l'avocat n'est pas obligatoire. Cela a pour conséquence de limiter sensiblement les frais de justice. Il existe deux procédures distinctes.

> **À savoir**
>
> Toutefois, en matière de demande de restitution du dépôt de garantie, vous devez vous adresser au juge de proximité, jusqu'à la valeur de 4 000 €.

Les injonctions

La procédure d'injonction permet d'obtenir rapidement le paiement d'une créance ou l'exécution d'une prestation. Il existe l'injonction de payer (pour tout ce qui est paiement de loyers impayés ou de dépôt de garantie non restitué) et l'injonction de faire (pour l'exécution de travaux obligatoires).

L'injonction de payer

Les motifs qui peuvent pousser propriétaire ou locataire à faire une injonction de payer sont nombreux. Tel est le cas par exemple d'un préavis non réglé par le locataire ou d'un dépôt de garantie non restitué par le propriétaire. À partir de là, la requête est à adresser au président du tribunal d'instance du lieu où le logement est loué. À ce titre, vous utiliserez un formulaire de déclaration auprès du greffe du tribunal. Joignez à cet envoi toutes les pièces justificatives (contrat de bail, lettres de relances…).

Dans ce type de procédure, vous n'êtes pas convoqué au tribunal : le président juge sur dossier. Il rend une ordonnance acceptant ou rejetant votre demande. Lorsque vous recevrez un extrait de cette injonction (si votre requête est fondée, bien entendu), vous devrez la communiquer à votre adversaire par huissier dans les six mois qui suivent la date à laquelle elle a été rendue.

Deux situations sont possibles selon que le débiteur fait ou non opposition :

- *Le débiteur fait opposition* : s'il conteste dans le mois qui suit la signification par une lettre recommandée ou par une déclaration contre récépissé ; chaque partie sera alors convoquée devant le tribunal.
- *Le débiteur ne fait pas opposition* : sans contestation dans le délai d'un mois, vous pourrez demander au greffe du tribunal d'apposer sur l'ordonnance la formule exécutoire. Vous disposez alors d'un titre exécutoire qui vous permet de mettre en œuvre l'ensemble des voies de saisie afin de pouvoir recouvrer l'ensemble de vos dettes.

L'injonction de faire

L'injonction de faire est souvent utilisée pour des travaux obligatoires non exécutés ou pour des demandes de quittances restées lettres mortes.

La démarche est pratiquement identique à celle existante pour l'injonction de payer. À savoir que vous utiliserez un formulaire de déclaration auprès du greffe du tribunal. Joignez à cet envoi toutes les pièces justificatives que vous avez en votre possession (contrat de bail, lettres de relances, photos…). Comme pour l'injonction de payer, le président du tribunal peut accepter ou refuser votre requête.

S'il accepte, il indique le délai au cours duquel les prestations demandées doivent être réalisées. Il fixe également la date d'audience durant laquelle l'affaire doit être examinée si jamais les obligations mentionnées dans l'injonction ne sont pas exécutées dans le délai fixé par le juge.

Si la partie qui est à l'origine de la procédure informe le juge que les obligations ont été exécutées, le juge procédera à la radiation de l'affaire. À défaut de réponse, cette dernière sera instruite en présence des deux parties.

En principe, le juge confirmera les termes de l'ordonnance en y ajoutant éventuellement une astreinte par jour de retard afin de contraindre plus efficacement la partie adverse d'exécuter ses obligations.

❋ Les procédures classiques

La saisine dite simplifiée

Si le montant de votre demande ne dépasse pas 4 000 €, vous pouvez saisir le tribunal d'instance du lieu où se situe le logement loué par le biais dit de « la procédure simplifiée ». Après avoir rempli un formulaire adéquat, vous serez ensuite convoqué par lettre recommandée ainsi que la partie adverse devant le tribunal. C'est donc simple et peu onéreux. De plus, une telle procédure peut avoir un impact psychologique plus fort que la simple procédure d'injonction car le fait de convoquer les parties en audience donne au litige un caractère plus solennel donc plus contraignant pour la partie fautive.

La saisine normale

Pour toute demande supérieure à 4 000 €, vous êtes obligé de rédiger une assignation (de préférence par avocat mais ce n'est pas obligatoire) qui sera délivrée à la partie adverse par huissier. Le jour de l'audience, le juge donnera la parole aux deux parties ou à leurs représentants. N'oubliez pas alors d'être le plus concis possible en insistant sur un ou deux points qui vous paraissent essentiels.

Lorsque le juge estime être en possession de tous les éléments nécessaires, il met l'affaire en délibéré et rendra son jugement dans les semaines qui suivent.

Les modèles de lettres

Les travaux

● Demande de mise aux normes

Lettre recommandée avec AR

Madame, Monsieur,

Malgré mes multiples appels téléphoniques et mon courrier en date du …, je reste, à ce jour, sans nouvelles de votre part.

Je vous rappelle avoir constaté que le logement que vous me louez, suivant le bail signé le …, n'est pas conforme aux normes de décence prévues par le décret n° 2002-120 du 30 janvier 2002.

En effet, (définissez les points à propos desquels les normes ne sont pas respectées) :

— …

— …

En conséquence, je vous mets en demeure d'effectuer les travaux dans les meilleurs délais.

À défaut de réponse de votre part dans les deux mois à compter de la réception de la présente, je me verrai contraint de saisir la Commission départementale de conciliation, et, le cas échéant, la juridiction compétente.

Dans cette attente, veuillez agréer, Madame, Monsieur, mes salutations distinguées.

Demande de travaux par le locataire

> Lettre recommandée avec AR
>
> Madame, Monsieur,
>
> Malgré mes différents appels téléphoniques et mon courrier en date du …, je reste, à ce jour, sans nouvelles de votre part.
>
> Je vous rappelle que j'ai constaté dans le logement que vous me louez, suivant le bail signé le …, un certain nombre de dysfonctionnements.
>
> En effet, (définissez les travaux que le propriétaire doit réaliser) :
>
> – …
>
> – …
>
> Ces travaux n'ayant pas le caractère de réparations locatives définies par le décret du 26 août 1987, je vous informe qu'ils sont à la charge exclusive du propriétaire.
>
> En conséquence, je vous mets en demeure de bien vouloir procéder à leur réparation dans un délai de … (laissez un délai de huit jours minimum) à compter de la réception de la présente, faute de quoi, je serai contraint d'user des voies de droit dont je dispose en vertu de la loi.
>
> Je me tiens à votre disposition pour convenir des modalités d'exécution des travaux.
>
> Dans cette attente, je vous prie de croire, Madame, Monsieur, à l'assurance de ma considération distinguée.

⬤ Réponse du propriétaire à une demande de remboursement par son locataire de travaux réalisés sans son accord

Lettre recommandée avec AR

Madame, Monsieur,

Par courrier en date du ..., vous m'informez de la réparation des ... (énumérez la nature des travaux) :

– ...

– ...

En m'indiquant qu'ils sont à la charge du propriétaire, vous me demandez donc leur remboursement. Cependant, je vous rappelle, qu'à défaut de travaux urgents, le locataire doit obtenir l'accord préalable du propriétaire avant d'engager les réparations qui s'imposent.

En conséquence, faute d'avoir obtenu mon accord, je suis en droit de vous refuser leur remboursement.

Toutefois, soucieux de préserver nos bonnes relations, j'accepte de faire un geste en participant pour moitié au paiement de ces travaux.

Je vous prie de croire, Madame, Monsieur, à l'assurance de ma considération distinguée.

Demande du propriétaire de réaliser des travaux dans le logement loué

Lettre recommandée avec AR

Madame, Monsieur,

Je vous informe, par la présente, que j'entends réaliser des travaux dans le logement sis : … pour lequel un bail a été signé le … ayant pris effet le …

En effet, (précisez les travaux à entreprendre) :

— …

— …

En conséquence et conformément aux dispositions de l'article 7 de la loi du 6 juillet 1989, vous ne pouvez vous y opposer.

Par ailleurs, je vous informe que compte tenu de la durée des travaux qui sera inférieure à 40 jours, vous ne pourrez prétendre à une diminution du loyer.

Je reste à votre disposition pour convenir des modalités d'exécution des travaux.

Vous souhaitant bonne réception de la présente, je vous prie de croire, Madame, Monsieur, à l'assurance de ma considération distinguée.

Demande du locataire d'effectuer des travaux de transformation

Lettre recommandée avec AR

Madame, Monsieur,

Je vous informe que je désire entreprendre des travaux de transformation dans le logement que vous m'avez loué, suivant le bail en date du ..., ayant pris effet le ...

Les travaux sont les suivants :

– ...

– ...

En conséquence et conformément à l'article 7 de la loi du 6 juillet 1989, je vous remercie de bien vouloir m'autoriser à les exécuter. Il est entendu, qu'à mon départ, ces travaux vous seront définitivement acquis et, par conséquent, il ne vous sera pas possible de me contraindre à remettre les lieux dans leur état initial.

Vous souhaitant bonne réception de la présente, je vous prie de croire, Madame, Monsieur, à l'assurance de ma considération distinguée.

Le loyer

▸ Augmentation du loyer en fonction de l'indice de référence des loyers (IRL)

Lettre recommandée avec AR

Madame, Monsieur,

Je vous informe que conformément au bail que nous avons signé le ..., le loyer est indexé sur la variation de l'indice de référence des loyers (publié par l'Insee) du 3e trimestre.

Je vous rappelle qu'en vertu de l'article 35 de la loi n° 2005-841 du 26 juillet 2005, l'indice de référence des loyers se substitue automatiquement à la valeur moyenne de l'indice du coût de la construction depuis le 1er janvier 2006, pour les contrats en cours, dès lors qu'il s'agit de location vide soumise à la loi du 6 juillet 1989. L'indice du 1er trimestre vient d'être publié et s'élève à : ...

En conséquence, le nouveau loyer s'établit à : ... à compter du ...

(Loyer x Nouvel indice de référence des loyers)/Ancien indice de référence des loyers = ...

Je vous remercie donc de bien vouloir en tenir compte pour le règlement de votre prochain loyer.

Dans cette attente, je vous prie de croire, Madame, Monsieur, à ma considération distinguée.

Les charges

● Demande de quittances

Lettre recommandée avec AR

Madame, Monsieur,

À plusieurs reprises, je vous ai demandé l'envoi de quittances de loyers. Or, à ce jour, je n'ai toujours rien reçu.

Je vous rappelle que conformément à l'article 21 de la loi du 6 juillet 1989, le propriétaire ne peut refuser de remettre gratuitement une quittance au locataire qui en fait la demande.

En conséquence, je vous mets en demeure de m'envoyer les quittances des mois précédents, au plus tard le … (laissez un minimum de huit jours) à compter de la réception de la présente. À défaut, je me verrai contraint d'utiliser les moyens de droit que la loi met à ma disposition pour obtenir satisfaction.

Dans cette attente, je vous prie de croire, Madame, Monsieur, à l'assurance de ma considération distinguée.

Demande du locataire d'obtenir les pièces justificatives lors de la régularisation annuelle

Lettre recommandée avec AR

Madame, Monsieur,

Par courrier en date du ..., j'ai reçu le décompte par nature de charges en vue de la régularisation annuelle.

Je vous rappelle que conformément à l'article 23 de la loi du 6 juillet 1989, les pièces justificatives des charges sont tenues à la disposition du locataire pendant un mois à compter de l'envoi de ce décompte.

Par conséquent, pourriez-vous m'indiquer les modalités pratiques (date, heure et lieu) me permettant alors de consulter ces documents ?

Dans cette attente, je vous prie de croire, Madame, Monsieur, à l'assurance de ma considération distinguée.

La sous-location

● Demande du locataire

> Lettre recommandée avec AR
>
> Madame, Monsieur,
>
> Je vous signale par la présente que, pour des raisons professionnelles, je dois m'absenter momentanément du logement sis : … que vous me louez suivant le bail signé le …
>
> Dans cet intervalle de plusieurs mois, j'envisage de sous-louer l'appartement à un membre de ma famille. En conséquence et en vertu de l'article 8 de la loi du 6 juillet 1989, je sollicite votre accord écrit.
>
> Il est bien entendu que malgré la sous-location, je resterai tenu vis-à-vis de vous de toutes les obligations découlant du contrat de bail principal.
>
> Dans cette attente, je vous prie d'agréer, Madame, Monsieur, l'expression de mes sentiments distingués.

Le transfert du bail

Abandon ou décès du locataire

> Lettre recommandée avec AR
>
> Madame, Monsieur,
>
> Je vous signale par la présente que les relations avec mon concubin s'étant dégradées, ce dernier vient de quitter définitivement le logement.
>
> Conformément à l'article 14 de la loi du 6 juillet 1989, les dispositions du contrat de bail signé le ... pour le logement situé ... me sont donc automatiquement transférées. En effet, notre concubinage était notoire et je vivais avec le locataire dans les lieux loués depuis plus d'un an à la date de son départ.
>
> En conséquence, les conditions requises pour obtenir ce transfert sont réunies. Je deviens donc, dès à présent, personnellement titulaire du contrat de bail.
>
> Je vous prie d'agréer, Madame, Monsieur, l'expression de mes salutations distinguées.

La jouissance paisible des lieux

● Troubles occasionnés par un tiers

Lettre recommandée avec AR

Madame, Monsieur,

Malgré mes différents appels téléphoniques et mon courrier en date du ..., je reste à ce jour, sans nouvelle de votre part.

Je vous rappelle que le comportement de mon(es) voisin(s) situé(s) dans le logement sis ... m'occasionne un trouble dans la jouissance du logement que vous me louez suivant le bail signé le ...

En effet, (décrivez les agissements du ou des voisins) :

— ...

— ...

Je vous informe qu'en vertu de l'article 6 b) de la loi du 6 juillet 1989, vous avez l'obligation d'assurer au locataire la jouissance paisible des lieux loués.

En conséquence, je vous mets en demeure dans un délai de ... de bien vouloir prendre les mesures qui s'imposent pour que cessent ces désagréments. À défaut, je serai contraint d'engager votre responsabilité contractuelle avec demande de dommages et intérêts devant la juridiction compétente.

Dans cette attente, je vous prie de croire, Madame, Monsieur, à l'assurance de ma considération distinguée.

Les loyers impayés

Loyers payés avec retard

Lettre recommandée avec AR

Madame, Monsieur,

Je constate que vous payez votre loyer toujours avec retard alors qu'aux termes du bail qui nous unit, il devrait l'être, au plus tard, le 5 de chaque mois.

Je ne peux tolérer cette situation plus longtemps et je vous demande d'y remédier dans les plus brefs délais.

En conséquence, je vous mets en demeure, pour le prochain règlement, de respecter la date inscrite au contrat, faute de quoi, je me verrai contraint d'user les voies de droit dont je dispose en vertu de la loi.

Dans cette attente, veuillez agréer, Madame, Monsieur, l'expression de mes sentiments distingués.

Lettre de rappel

Madame, Monsieur,

À ce jour et sauf erreur de ma part, je n'ai pas reçu le règlement du loyer du mois de … s'élevant à …. Il s'agit sans doute d'un oubli.

Aussi, pour préserver nos bonnes relations, je vous invite à régulariser votre situation au plus vite.

Comptant sur votre compréhension, je vous prie d'agréer, Madame, Monsieur, l'expression de mes sentiments distingués.

Lettre de mise en demeure

Lettre recommandée avec AR

Madame, Monsieur,

Malgré mes différentes relances et mon courrier en date du …, je reste à ce jour, sans nouvelle de votre part.

Je vous rappelle que vous me devez la somme de …, représentant les loyers des mois de …

En conséquence, je vous mets en demeure de me faire parvenir la somme de …., le … au plus tard, à compter de la réception de la présente (laissez un délai de huit jours minimum). À défaut de règlement à cette date, je serai contraint de remettre l'affaire devant la juridiction compétente.

Dans cette attente, je vous prie de croire, Madame, Monsieur, à l'assurance de ma considération distinguée.

PS : copie de la lettre envoyée à la caution.

Lettre à la caution : mise en demeure

Lettre recommandée avec AR

Madame, Monsieur,

Par acte du …, vous vous êtes porté caution solidaire de Monsieur et/ou Madame …, locataire du logement sis … pour le paiement des loyers et des charges résultant du contrat de location conclu le … pour une durée de …

Je vous informe par la présente, qu'après plusieurs démarches amiables auprès du locataire, ce dernier ne m'a toujours pas fait parvenir le règlement qui s'élève, à ce jour, à la somme de … euros correspondant aux loyers des mois de …

En conséquence, je vous remercie de bien vouloir me faire parvenir, sous huitaine, ce règlement. À défaut, je me verrai contraint de saisir la juridiction compétente.

Dans cette attente, je vous prie de croire, Madame, Monsieur, à l'assurance de ma considération distinguée.

PS : veuillez trouver, ci-joint, copie de la lettre envoyée au locataire.

La résiliation du bail

Congé donné par le locataire : délai de préavis normal

Lettre recommandée avec AR

Madame, Monsieur,

Je vous informe que j'entends mettre fin au bail que vous m'avez consenti le ..., dans l'immeuble sis ... et qu'en conséquence, je quitterai les lieux dans trois mois à compter de la réception de la présente.

Je serai en mesure de vous rendre les clés le ... et me tiens, par conséquent, à votre disposition pour l'établissement de l'état des lieux contradictoire.

Dans cette attente, je vous prie de croire, Madame, Monsieur, à l'assurance de ma considération distinguée.

Congé donné par le locataire : délai de préavis réduit

Lettre recommandée avec AR

Madame, Monsieur,

Je vous informe que j'entends mettre fin au bail que vous m'avez consenti le ..., dans l'immeuble sis ...

Le présent congé étant motivé par une mutation professionnelle dont vous trouverez ci-joint le justificatif, le délai de préavis est réduit à un mois, comme la loi m'y autorise.

Je serai en mesure de vous rendre les clés le ... et me tiens, par conséquent, à votre entière disposition pour l'établissement de l'état des lieux contradictoire.

Vous souhaitant bonne réception de la présente, je vous prie d'agréer, Madame, Monsieur, l'assurance de ma considération distinguée.

● Congé pour vente : droit de préemption du locataire

Ce congé est à envoyer à chacun des signataires du bail et à chacun des époux si le locataire est marié.

Lettre recommandée avec AR

Madame, Monsieur,

Je soussigné M…, bailleur des locaux sis…, ai le regret, conformément à l'article 15 de la loi n° 89-462 du 6 juillet 1989 et au contrat de location conclu le… de vous délivrer congé à la date du… à laquelle vous devez libérer les lieux, m'avoir rendu les clés, et satisfait à l'établissement de l'état des lieux de sortie.

J'ai en effet l'intention de vendre ce logement au prix de (somme en toutes lettres) … euros et aux conditions suivantes (à défaut de conditions particulières, indiquer « aux conditions ordinaires et de droit ») : …

Ce congé vaut offre de vente à votre profit. Cette offre reste valable pendant les deux premiers mois du délai de votre préavis légal de six mois. Si cette offre vous intéresse, vous disposez d'un délai de deux mois, à compter de l'envoi de votre réponse, pour signer l'acte authentique de la vente devant notaire. Si toutefois, dans votre réponse, vous notifiez votre intention de recourir à un ou plusieurs prêts pour acquérir le bien, ce délai est porté à quatre mois. Vous trouverez ci-dessous reproduction des cinq premiers alinéas de l'article 15 II de la loi (à joindre : voir en annexes).

Le délai de préavis commence à courir le jour de la réception de la présente lettre recommandée. Si vous n'êtes pas intéressé par l'offre de vente et si vous quittez les lieux avant l'expiration de ce délai, vous ne serez redevable des loyers et des charges que pour la période où vous aurez effectivement occupé les lieux.

Je vous prie d'agréer, Madame, Monsieur, l'expression de ma considération distinguée.

Congé pour vente : deuxième droit de préemption du locataire

Lettre recommandée avec AR

Madame, Monsieur,

Par lettre recommandée avec AR (ou acte d'huissier) en date du …, je vous ai délivré un congé en vue de vendre le logement donné en location suivant le bail signé le …

Je suis actuellement sur le point de conclure la vente à des conditions ou à un prix plus avantageux que lors de la première proposition. En effet, le prix s'établit à (somme en toutes lettres) … euros.

En conséquence et conformément à l'article 15 II alinéa 4 modifié de la loi du 6 juillet 1989, (à joindre : voir en annexes) cette notification vaut de nouveau offre de vente à votre profit.

Je vous remercie de bien vouloir me faire connaître dans le délai d'un mois qui vous est imparti par la loi, et qui court à compter de la réception de la présente, si vous entendez user de votre droit de préemption.

Dans cette attente, je vous prie de croire, Madame, Monsieur, à l'assurance de ma considération distinguée.

Congé pour habiter : lettre du bailleur

Lettre recommandée avec AR

Madame, Monsieur,

Je suis au regret de vous donner congé pour le ... du logement sis... pour lequel un bail a été conclu le ... ayant pris effet le ...

Ce congé est motivé par mon intention de reprendre ce logement pour :
— l'habiter moi-même ;
— faire habiter mon conjoint ou concubin notoire, un de mes ascendants, descendants ou ceux de mon conjoint, mon partenaire avec qui je suis lié(e) par un PACS ou concubin notoire.

En conséquence, et conformément aux dispositions de l'article 15-1 de la loi du 6 juillet 1989 je vous prie de bien vouloir trouver ci-joint son nom ainsi que son adresse.

Il s'agit de ...

Le délai de préavis, de six mois minimum, commence à courir le jour de la réception de la présente lettre recommandée. Si vous quittez les lieux avant l'expiration de ce délai, vous ne serez redevable des loyers et des charges que pour la période où vous aurez effectivement occupé les lieux (article 15 de la loi).

Le dépôt de garantie vous sera restitué dans un délai maximal de deux mois suivant votre départ, déduction faite, le cas échéant, des sommes me restant dues et des sommes dont je pourrais être tenu pour responsable en vos lieux et place, sous réserve qu'elles soient dûment justifiées (article 22 de la loi).

Je vous prie d'agréer, Madame, Monsieur, l'expression de mes sentiments distingués.

Congé pour motif légitime et sérieux

Lettre recommandée avec AR

Madame, Monsieur,

Je vous informe, par la présente, que j'entends vous donner congé pour motif légitime et sérieux le … pour le logement sis … pour lequel un bail a été signé le … ayant pris effet le …

En effet, (préciser les motifs de résiliation)

– …

– …

Le délai de préavis est de six mois et commence à courir dès la réception de la présente. Je vous rappelle qu'à l'expiration de ce délai, vous serez déchu de tout titre d'occupation et qu'en conséquence, vous devrez quitter les lieux.

Par ailleurs, je vous informe que si vous quittez les lieux avant la fin du préavis, vous me serez redevable du loyer et des charges que pour le temps où vous aurez occupé réellement le logement.

Enfin, je reste à votre disposition pour que l'on puisse fixer, d'un commun accord, la date et l'heure pour la remise des clés et l'établissement de l'état des lieux de sortie.

Dans cette attente, je vous prie de croire, Madame, Monsieur, à l'assurance de ma considération distinguée.

Le dépôt de garantie

Non-restitution par le propriétaire

Lettre recommandée avec AR

Madame, Monsieur,

Malgré mes différentes relances et mon courrier en date du …, je reste à ce jour sans nouvelle de votre part.

Je vous rappelle que suite au congé délivré le …, nous avons établi un état des lieux contradictoire le …, du logement sis …

À cette occasion, je vous ai remis les clés.

Au vu de ce document, vous pouvez constater que je n'ai fait aucune dégradation dans le logement loué. Je vous informe donc que conformément à l'article 22 de la loi du 6 juillet 1989, la restitution du dépôt de garantie doit intervenir dans un délai maximal de deux mois à compter de la remise des clés, faute de quoi, il produit intérêt au taux légal. Or, à ce jour, le délai est dépassé et je n'ai toujours rien reçu.

En conséquence, je vous mets en demeure de me restituer la somme de …représentant le montant du dépôt de garantie majoré du taux légal de … dans un délai de … à compter de la réception de la présente. À défaut, je me verrai contraint de saisir la juridiction compétente.

Dans cette attente, je vous prie de croire, Madame, Monsieur, à l'assurance de ma considération distinguée.

Remise partielle du dépôt de garantie en cas de dégradation

Lettre recommandée avec AR

Madame, Monsieur,

Au regard de l'état des lieux établi contradictoirement le … pour le logement sis … il ressort que vous avez commis un certain nombre de dégradations.

En effet, (énumérez les points suivant lesquels vous devez engager des travaux de réparation) :

– …

– …

En conséquence et selon l'article 22 de la loi du 6 juillet 1989, je vous informe que je retiens sur le dépôt de garantie, la somme de … euros, représentant le montant des travaux à réaliser (justifiez les sommes que vous retenez par des factures ou devis).

Par ailleurs, je vous prie de trouver ci-joint le chèque correspondant au solde du dépôt de garantie.

Vous en souhaitant bonne réception, je vous prie d'agréer, Madame, Monsieur, l'expression de mes salutations distinguées.

Comment rédiger ma petite annonce de bien à louer ?

L'annonce consiste à présenter le bien proposé et les conditions de la location en quelques lignes. Elle doit donc être claire et précise pour le lecteur. Privilégiez l'objectivité et évitez les formulations trop « vendeuses » qui pourraient induire le lecteur en erreur. Commencez par la description du logement : son emplacement, sa superficie, le nombre de chambres, la présence d'un jardin ou d'une terrasse…

Précisez ensuite les conditions de la location : le montant du loyer évidemment, les charges locatives et la date de disponibilité, l'exigence d'une caution solidaire…

En revanche, est à proscrire tout ce qui pourrait être qualifié de discriminatoire (appartenance religieuse, politique, ethnique…).

Pour encore améliorer l'information des acquéreurs et locataires potentiels, la loi dite « loi Grenelle 2 » impose d'indiquer la performance énergétique du logement dans les annonces immobilières.

Comment bien choisir mon locataire ?

La première inquiétude du propriétaire est le loyer impayé ; et le meilleur moyen de s'en prémunir, c'est de choisir son locataire avec sérieux. Vérifier la solvabilité du locataire est primordial avant de signer un contrat de bail.

À cet effet, demandez aux candidats locataires de fournir un dossier comprenant les pièces suivantes (original et copie) :
- son contrat de travail ;
- ses trois dernières fiches de paie ;
- son dernier avis d'imposition ;
- une pièce d'identité ;
- un relevé d'identité bancaire ;
- ses trois dernières quittances de loyer.

Si le locataire propose une caution solidaire, vérifiez aussi la solvabilité de la personne se portant caution qui devra fournir ces mêmes pièces.

Le bailleur ne peut fonder sa sélection du locataire sur un critère discriminatoire, comme l'édicte l'article 1er de la loi du 6 juillet 1989 : *« Aucune personne ne peut se voir refuser la location d'un logement en raison de son origine, son patronyme, son apparence physique, son sexe, sa situation de famille, son état de santé, son handicap, ses mœurs, son orientation sexuelle, ses opinions politiques, ses activités syndicales ou son appartenance ou sa non-appartenance vraie ou supposée à une ethnie, une nation, une race ou une religion déterminée. »* Le propriétaire fautif encourrait une peine de trois ans de prison et de 45 000 euros d'amende (article 225-1 du Code pénal).

Et si le locataire me fournit de faux documents ?

Pour tromper le bailleur sur sa situation financière, il arrive que le locataire fournisse de faux documents (des fiches de paie falsifiées par exemple). Ce type de comportement est doublement sanctionné :
- l'article 441-1 du Code pénal qualifie de faux *« toute altération frauduleuse de la vérité, de nature à causer un préjudice et accomplie par quelque moyen que ce soit, dans un écrit ou tout autre support d'expression de la pensée qui a pour objet de ou qui peut avoir pour effet d'établir la preuve d'un droit ou d'un fait ayant des conséquences juridiques ».* Le faux et usage de faux sont punis de trois ans d'emprisonnement et de 45 000 euros d'amende ;
- la nullité du contrat pour dol pourrait être obtenue par le propriétaire si celui-ci parvient à prouver que la conclusion du contrat n'aurait jamais eu lieu sans les manœuvres entreprises par le locataire pour le tromper.

À quel moment dois-je faire réaliser les diagnostics immobiliers obligatoires ?

Lorsque le logement constitue la résidence principale du locataire, le propriétaire doit fournir plusieurs diagnostics immobiliers au locataire lors de la signature du contrat de location. Il s'agit :

- de l'état des risques naturels et technologiques (ERNT) ;
- du constat des risques d'exposition au plomb (CREP) lorsque le bâtiment a été construit avant le 1er janvier 1949 ;
- du diagnostic de performance énergétique (DPE).

Depuis le 12 juillet 2010, le DPE doit être fourni par le propriétaire dès la visite du bien. En outre, le résultat du DPE doit figurer dans l'annonce de la location sous forme d'une « étiquette énergétique ». Dans ces conditions, faites réaliser l'ensemble des diagnostics obligatoires avant la mise en location ; cela vous permet d'économiser les frais (déplacement du technicien…).

En location vide, un métrage de la superficie habitable du logement réalisé selon les modalités de la loi n° 2009-323 du 25 mars 2009 dite « loi Boutin » doit être communiqué au locataire.

Dois-je préférer une caution solidaire ou une garantie loyers impayés ?

En location vide, depuis le 28 mars 2009, le propriétaire ne peut cumuler, pour un même locataire, la caution solidaire d'un tiers et une garantie contre les loyers impayés (GLI) ou une garantie des risques locatifs (GRL).

La caution solidaire est une très bonne garantie… à condition de prendre comme garant une personne solvable et suffisamment « proche » du locataire. Ainsi, par exemple, les parents du locataire s'engagent comme garants, la caution est très efficace puisqu'en cas de défaillance, les parents n'hésiteront pas à payer spontanément pour leur enfant. Dans les autres cas, il faut envisager l'opportunité de souscrire une assurance loyers impayés. Si l'assurance loyers impayés a un coût (de 2,5 % à 3,5 % du montant des loyers), elle offre un niveau de garantie très intéressant. En outre, elle permet au propriétaire d'obtenir dès le premier mois de loyer impayé le remboursement auprès de l'assurance.

Quel est le montant du dépôt de garantie en location vide ?

Le dépôt de garantie est une somme versée par le locataire lors de la signature du contrat. Cette somme est encaissée par le propriétaire dès sa remise par le locataire. Il conserve la somme versée tout le temps que dure la location. Il sert à couvrir les arriérés de loyers et de charges que le locataire peut encore devoir à son propriétaire en fin de location, ou encore les régularisations de charges, ainsi que le coût des réparations des éventuelles dégradations.

Le montant du dépôt de garantie est limité seulement pour la location vide : il ne peut dépasser un loyer hors charges (article 22 de la loi du 6 juillet 1989). En revanche, en location meublée, le montant du dépôt de garantie est libre : il est alors d'usage de demander deux mois de loyer. Mais rien n'empêche le bailleur de demander trois mois si les meubles qui garnissent le logement sont de grande valeur.

Jusqu'à quel point le locataire peut-il aménager le logement ?

Le locataire ne peut transformer le logement sans l'accord écrit du propriétaire, sous peine de devoir le remettre en l'état initial. Cependant, il est libre d'aménager le logement comme il l'entend. C'est la jurisprudence qui fixe au cas par cas la limite entre les deux notions.

– Ont été considérés comme des travaux de transformation soumis à autorisation :
- le fait de pratiquer, sans autorisation du propriétaire, une ouverture de 2 mètres de large dans le mur séparant les deux appartements loués (cour d'appel de Paris, 27 octobre 1993) ;
- la modification d'une chambre en cuisine aménagée et l'utilisation de l'ancienne cuisine comme lingerie (cour d'appel de Paris, 18 mars 1994) ;
- la construction, sans autorisation du bailleur, d'une piscine enterrée et entourée d'une plage carrelée (cour d'appel de Paris, 6 juin 2007) ;
- la coupe de la majeure partie des arbres par le locataire entourant la maison louée (cour d'appel de Grenoble, 8 avril 2008).

– Ne relèvent que de l'aménagement pour lequel une autorisation n'est pas nécessaire :
  - les travaux de peinture et la pose de moquette réalisés par le locataire (cour d'appel de Paris, 9 mars 2004) ;
  - le choix par le locataire de couleurs autres que passe-partout dès lors que ces couleurs ne sont pas excentriques et n'empêchent pas une habitabilité normale des lieux de par leur originalité (cour d'appel de Nancy, 1er février 1995). La décision a été confirmée à propos d'une peinture rouge vif (cour d'appel de Paris, 20 septembre 2005) ou pour le choix de couleurs (bleu, rose, mauve, bordeaux clair) à la place des couleurs passe-partout initiales (cour d'appel de Paris, 10 janvier 2008) ;
  - la modification par le locataire de l'usage des pièces louées ainsi que leur agencement intérieur. Ainsi, il peut installer un ordinateur dans une chambre ou une partie du sous-sol (cour d'appel de Rouen, 27 octobre 1999) ;
  - l'aménagement des combles par le locataire, ne portant pas sur le gros œuvre (cour d'appel de Rouen, 27 octobre 1999).

Puis-je imposer un prélèvement automatique pour le paiement du loyer ?

La clause qui obligerait le locataire à payer son loyer par mode de prélèvement automatique est réputée non écrite (article 4 c) de la loi du 6 juillet 1989). Ainsi, même si le locataire s'engage dans le contrat à payer le loyer par prélèvement automatique, il conserve la possibilité de changer de mode de paiement à tout moment lors de l'exécution du contrat de bail.

Mon locataire peut-il exiger des quittances de loyer ?

Le bailleur est tenu de transmettre gratuitement une quittance de loyer au locataire qui en fait la demande, selon l'article 21 de la loi du 6 juillet 1989. Cela signifie qu'il n'est pas tenu de fournir spontanément les quittances. Si le locataire le demande, le bailleur doit faire parvenir par quelque moyen que ce soit (courrier, e-mail…) les quittances au locataire et doit en supporter le coût.

Lorsque le locataire effectue un paiement partiel du loyer, le bailleur délivre un reçu.

Je suis sur le point de louer en colocation à trois personnes. Comment dois-je m'y prendre ? Les locataires signent-ils un seul et même bail ?

Il n'existe aucune disposition législative ou réglementaire spécifique à la colocation. C'est donc la loi du 6 juillet 1989 qui s'applique lorsque le logement est loué vide. En pratique, les colocataires seront tous inscrits sur le même bail. Par le jeu de la clause de solidarité contenue dans le bail, les colocataires seront tous tenus du paiement intégral du loyer. Par exemple, pour une colocation de trois personnes et un loyer de 600 euros chacune, le propriétaire pourra demander le paiement de l'intégralité du loyer à chacun des locataires et non pas seulement sa part dans le loyer.

En outre, le propriétaire est autorisé à demander à chacun des colocataires l'engagement d'un tiers à titre de caution solidaire.

Je suis en litige avec mon locataire pour la réalisation de travaux dans le logement. Celui-ci menace d'arrêter de payer son loyer. En a-t-il le droit ?

Le locataire ne peut jamais cesser de payer le loyer sauf si le logement est inhabitable et que le juge l'a autorisé à ne pas payer. Ce serait le cas si le logement était frappé d'un arrêté de péril assorti d'une interdiction d'habiter.

Ai-je le droit, en tant que propriétaire, de conserver un jeu de clés du logement que je loue ?

Rien n'interdit au propriétaire de conserver un jeu de clés. En revanche, la loi lui interdit de pénétrer dans les lieux loués sans l'autorisation du locataire.

En effet, le logement loué constitue le domicile du locataire et toute intrusion intempestive pourrait être qualifiée de violation de domicile, infraction pénale punie d'un an de prison et de 15 000 euros d'amende.

En pratique, proposez au locataire de conserver un jeu de clés. Si celui-ci refuse, remettez-lui tous les exemplaires.

Mon locataire entend quitter le logement avant la fin de son préavis de trois mois ? Comment dois-je procéder ?

Le locataire est libre de quitter le logement avant la fin du préavis. Vous devez réaliser les formalités de sortie à la date du départ effectif du locataire (état des lieux de sortie et remise des clés). Toutefois, le locataire demeure redevable du paiement du loyer et des charges jusqu'à l'expiration du préavis de trois mois. Dans l'hypothèse d'une relocation avant la fin du préavis, rappelons que le dépôt de garantie (ou son solde en cas de retenue) doit être restitué par le propriétaire dans les deux mois qui suivent la remise des clés.

Les locations meublées

Les locations meublées connaissent un statut particulier sur le plan juridique (les rapports entre propriétaire et locataire) et fiscal. La distinction entre les locations vides et les locations meublées a de quoi surprendre car, après tout, un local meublé n'est rien d'autre qu'un local vide que l'on a garni de quelques meubles !

Toutefois cette distinction entre location vide et location meublée tend à s'amenuiser, sur le plan juridique tout du moins. En effet, la loi de programmation pour la cohésion sociale du 18 janvier 2005 a imposé de nouvelles règles en matière de location meublée, dès lors que le logement mis en location constitue la résidence principale du locataire. Le bailleur ne peut plus fixer librement la durée du bail, ni résilier le bail sans motiver le congé. La durée du préavis est également imposée. Jusqu'ici très peu réglementé, ce type de location est donc à son tour concerné par des dispositions tendant à renforcer la protection du locataire. Quant au locataire, suivant le local qu'il reçoit et le type de contrat qu'il signe, il relèvera d'un régime juridique différent, plus ou moins protecteur, plus ou moins permissif aussi.

Ce chapitre aidera donc chacune des parties à faire le point dans un domaine où bien des idées fausses circulent et où certaines situations existantes sont irrégulières.

Les principes de base

Il est surprenant de constater que l'apport de quelques meubles dans un logement peut modifier les modalités de la location et le régime fiscal du bailleur.

Au moment de la réforme de 2005, le législateur se devait de conserver des locations de courte durée : à la journée, à la semaine, au mois… Ces locations étant justement courtes, il était logique qu'elles soient garnies de meubles.

Cependant, le logement meublé constitue le plus souvent la résidence principale du locataire. Dans ce cas, il ne s'agit pas d'une location de courte durée. C'est pourquoi la loi prévoit depuis 2005, des conditions beaucoup plus protectrices pour le locataire lorsque le logement constitue sa résidence principale, avec un bail d'une durée minimale d'un an, par exemple.

Quel logement peut être loué meublé ?

Tout logement peut être loué « en meublé ». Ainsi, vous pouvez proposer :

- une chambre dépendante ou non de votre habitation ;
- un appartement ou une maison neuf ou ancien quelle que soit sa date de construction ;
- un local à usage mixte (habitation ou professionnel) ou un local à usage professionnel.

Une démarche administrative préalable est-elle nécessaire ?

La location d'un local meublé ne nécessite aucune démarche administrative préalable lorsque le logement constitue la résidence principale du locataire.

En revanche, vous devez solliciter une autorisation préalable si vous mettez en location meublée saisonnière ou location meublée à usage de résidence secondaire des logements jusque-là loués vides ou meublés à titre de résidence principale (art. L. 631-7 du Code de la construction et de l'habitation). À noter toutefois que cette demande d'autorisation du changement d'usage des locaux ne s'impose qu'aux logements situés dans les villes de plus de 200 000 habitants, ou dans les départements des Hauts-de-Seine, de la Seine-Saint-Denis et du Val-de-Marne. Certaines autres communes peuvent également être concernées sur avis du maire.

Concernant la ville de Paris, c'est le règlement municipal (consultable sur le site www.paris.fr) fixant les conditions de délivrance des autorisations de changement d'usage de locaux d'habitation ainsi que les principes déterminant les compensations de décembre 2008 (modifié en février 2011) qui s'appliquent à la location meublée à usage de résidence secondaire ou saisonnière.

L'autorisation du changement d'usage des locaux est en principe nécessaire et subordonnée à une compensation (restitution à l'habitation d'une surface équivalente de locaux auparavant affectés à un autre usage).

L'administration semble se montrer beaucoup moins souple que par le passé avec cette obligation d'information, singulièrement à Paris. Il est donc prudent et conseillé de toujours solliciter ou tout du moins de consulter les services compétents de la mairie si vous envisagez de louer en saisonnier pour la première fois dans une des zones concernées par l'autorisation préalable.

À savoir

En cas de changement d'usage au mépris de la réglementation, les sanctions peuvent être sévères : jusqu'à 25 000 euros d'amende et le retour à l'usage antérieur.

Un logement décent

Dès lors que le logement loué constitue la résidence principale du locataire, le bailleur a l'obligation de délivrer un logement décent *« ne laissant pas apparaître de risques manifestes pouvant porter atteinte à la sécurité physique ou à la santé »*. Cette notion de décence a été précisée par un décret du 30 janvier 2002. C'est ainsi que d'une manière générale, il prévoit que le propriétaire doit offrir un logement assurant au locataire le clos et le couvert, la protection contre les infiltrations d'eau, des matériaux de construction ne comportant pas de risques, comprenant des équipements de chauffage, avec des installations d'électricité et de gaz en bon état d'entretien, et suffisamment ventilé et éclairé.

En outre, le logement doit au minimum comporter une installation de chauffage adaptée, d'eau potable chaude et froide, d'une cuisine ou d'un coin cuisine permettant de recevoir un appareil de cuisson des repas et dans les logements de plus d'une pièce, d'une installation sanitaire complète (douche ou baignoire, w.-c., etc.). Toutefois, s'il n'y a qu'une seule pièce, l'installation sanitaire peut être limitée à un w.-c. extérieur au logement à condition qu'il soit situé dans le même bâtiment. De plus, l'installation électrique doit permettre le fonctionnement des appareils ménagers courants.

Enfin, concernant la surface du logement, ce dernier doit comporter une pièce principale ayant une superficie minimale de 9 m^2 (article R. 111-2 du Code de la construction et de l'habitation) et une hauteur sous plafond de 2,20 m au moins **ou** un volume habitable d'au moins 20 m^3.

Si le logement ne satisfait pas aux conditions de décence, le locataire peut demander à son propriétaire la mise en conformité du logement, sans qu'il soit porté atteinte à la validité du contrat en cours. À défaut d'accord, le juge est saisi. Ce dernier détermine alors la nature des travaux à réaliser et le délai de leur exécution. Il peut également réduire le montant du loyer.

☞ *Les dispositions du décret n° 2002-120 du 30 janvier 2002 ont été développées dans les paragraphes consacrés à la location vide et l'intégralité du décret se trouve dans les annexes de ce guide.*

Quels meubles ?

Aucun texte de loi ne le précise ; il n'existe donc pas de liste type de meubles devant garnir le local.

Les tribunaux se sont cependant prononcés sur la question. Certes, ce n'est pas le fait qu'il y ait des meubles qui suffit à ce que la location soit dite « meublée ». Encore faut-il que les parties aient voulu conclure un tel contrat de location.

Mais à l'inverse, l'accord des parties ne suffit pas à qualifier le contrat de location meublée. En d'autres termes, vous ne pouvez louer en meublé un logement vide.

À cet égard, les tribunaux se montrent exigeants. Il faut que toutes les pièces du logement soient garnies de meubles en quantité suffisante pour assurer l'habitabilité du local. Le locataire doit pouvoir jouir immédiatement et convenablement des lieux loués (lit, matelas, placard, armoire, chaises, table, batterie de cuisine, plaques chauffantes ou cuisinière, réfrigérateur, ustensiles de cuisine, vaisselle…).

En revanche, malgré quelques jurisprudences contraires, les draps et le linge de maison restent l'affaire du locataire.

En tout état de cause, nous conseillons aux bailleurs d'être prudents en la matière et de meubler le mieux possible le logement.

Si le local est suffisamment meublé au regard de la jurisprudence, le locataire ne pourra obtenir l'application du statut des locations vides, sous prétexte qu'il ne se sert pas du mobilier existant.

Les modalités de la location

L'article L. 632-1 du Code de la construction et de l'habitation, issu des lois du 18 janvier 2005 et du 26 juillet 2005 (pour la location étudiante) encadre la location meublée dès lors que la location constitue la résidence principale du locataire. Le bail doit être établi par écrit, des règles obligatoires gouvernent le congé du locataire et du bailleur.

À savoir

S'il y a plusieurs locataires pour le même logement (des concubins ou des colocataires par exemple), chacun d'eux signe le contrat. Mais la loi n'oblige pas à remettre un exemplaire original du contrat à chaque colocataire.

Comme tout contrat de location, le contrat de location meublée est simple à remplir. Il suffit d'indiquer le nom et l'adresse des personnes signataires, de mentionner l'adresse du local et sa description[1].

Puis viennent les clauses concernant la durée de la location, les possibilités de donner congé, le montant du loyer et des charges, le dépôt de garantie. Examinons ceci en détail.

La durée de la location

Un an pour la résidence principale

La durée de la location est désormais d'un an, pour tous les bailleurs, dès lors que le logement constitue la résidence principale du locataire. À l'expiration du bail, celui-ci est tacitement reconduit pour un an, aux conditions antérieures (article L. 632-1 du Code de la construction et de l'habitation).

Neuf mois pour les étudiants

Par ailleurs, l'article L. 632-1 du Code de la construction et de l'habitation prévoit la possibilité de déroger à cette durée d'un an lorsque la location est consentie à un étudiant. La durée du bail peut être réduite à neuf mois. Dans ce cas, le bail n'est pas renouvelable par tacite reconduction. Cette disposition permet aux bailleurs de s'adapter à la demande étudiante durant la période scolaire et de louer en saisonnier durant l'été.

Le ministère de l'Enseignement supérieur et de la Recherche a lancé le 1er septembre 2011 un nouveau dispositif pour faciliter l'accession au logement des étudiants. Le « Passeport logement étudiant », coordonné par le CROUS, poursuit un double objectif :
- fournir une caution solidaire aux étudiants dont les parents ne peuvent pas se porter caution ;
- accorder un prêt aux étudiants pour financer le dépôt de garantie.

Le dispositif est expérimenté cette année dans les académies de Lyon et de Lille avant d'être éventuellement étendu à l'ensemble du territoire à la rentrée 2012.

---

1. Voir page 5.

Notre contrat de location étudiant (modèle L.E.) est à jour de cette législation et permet donc de conclure un bail de neuf mois non renouvelable.

☞ Vous pouvez vous procurer un modèle type
de contrat de location pour étudiants
auprès du groupe De Particulier à Particulier.
Tél. : 01 40 02 95 00 – www.pap.fr.

À savoir

Il demeure possible de signer un contrat de location meublée classique. Dans ce cas, le contrat est conclu pour une durée d'un an tacitement reconductible. La jurisprudence considère en effet que le lieu où séjourne l'étudiant pour ses études est sa résidence principale.

Libre pour les résidences secondaires

Si la location constitue la résidence secondaire du locataire (pied-à-terre ou location ponctuelle pour une mission de courte durée, par exemple pour trois mois), le bailleur peut prévoir une durée moindre, déterminée ou indéterminée :

- dans le premier cas, le bail se termine à la date prévue dans le bail ;
- dans le second cas, le contrat prévoit la durée de la période initiale et celle des périodes de tacite reconduction, qui peut être différente de la première.

Exemple

Un bail de six mois qui se reconduit par tacite reconduction par période de trois mois.

Le congé et la durée du préavis

Rappelons que jusqu'à la loi de programmation pour la cohésion sociale du 18 janvier 2005, les modalités du congé étaient librement fixées dans le bail. De nouvelles règles s'imposent désormais, dès lors que le logement constitue la résidence principale du locataire.

● La résiliation par le bailleur

Quand le logement constitue la résidence principale du locataire

C'est au terme du bail ou de chacun de ses renouvellements que le bailleur peut donner congé à son locataire, et non pendant la durée du bail. Lorsque la location meublée constitue la résidence principale du locataire, le bailleur doit avertir le locataire en respectant un préavis de trois mois. Depuis la loi du 18 janvier 2005, le bailleur doit motiver son congé, soit par sa décision de reprendre le logement ou de le vendre, soit par un motif légitime et sérieux, notamment l'inexécution par le locataire de l'une de ses obligations.

> **À savoir**
>
> Dans le cadre de la location meublée, le congé pour vendre ne vaut pas offre de vente au profit du locataire ; ce dernier ne bénéficie donc pas d'un droit de préemption (à la différence de la location vide).

Quand le logement constitue la résidence secondaire du locataire

Par exception, lorsque la location constitue la résidence secondaire du locataire, il appartient au bailleur d'établir les modalités de la résiliation dans le bail. Il peut ainsi prévoir une durée de préavis inférieure ou supérieure (en fonction de la durée de la location) pour le locataire comme pour lui. En outre, le bailleur n'a pas à motiver le congé qu'il délivre.

Quand le bail a une durée ferme

Si le bail est à durée déterminée (dans le cas d'une location à un étudiant ou d'une location à titre de résidence secondaire), il prend fin de plein droit à la date prévue au contrat, sans qu'il soit nécessaire de donner congé. Mais le bailleur a toujours intérêt à confirmer le congé avant la date d'expiration pour éviter tout risque de contestation, car un locataire indélicat pourrait être tenté de rester dans les lieux en invoquant la tacite reconduction.

● La résiliation par le locataire

Le locataire, en revanche, peut résilier le contrat à tout moment pendant la durée du bail, dès lors que le logement constitue sa résidence principale. Cette possibilité concerne aussi bien les locataires qui ont signé un bail spécifique aux étudiants que les autres. Le locataire doit respecter un préavis d'un mois pour donner son congé. En outre, il n'a pas à motiver sa décision.

Si le logement constitue la résidence secondaire du locataire, celui-ci doit respecter la durée du préavis et les modalités du congé fixées par le bailleur et mentionnées dans le bail.

Aucune forme particulière n'est prévue par la loi pour le congé. Mais le bailleur comme le locataire ont intérêt à pouvoir prouver la date à laquelle le congé a été donné. Il est donc préférable de prévoir qu'il sera délivré au moyen d'une lettre recommandée avec accusé de réception.

Vous pouvez également mandater un huissier pour délivrer le congé, afin de vous assurer que le congé aura bien été donné dans les temps.

À savoir

Cette précaution peut être très utile, car un congé donné par le bailleur qui ne respecte pas le délai de préavis ne met pas fin au bail, qui se poursuit alors par tacite reconduction.

Dans le cas où vous souhaiteriez un modèle de congé, nous en avons élaboré trois :
- un pour le congé donné par le bailleur au locataire pour les baux meublés à usage de résidence principale du locataire ;
- un pour le congé donné par le locataire au bailleur pour les baux meublés à usage de résidence principale du locataire ;
- un pour le congé donné tant par le bailleur que par le locataire pour les baux meublés à usage de résidence secondaire du locataire.

☞ *Vous pouvez vous procurer ces modèles types de lettre de congé auprès du groupe De Particulier à Particulier.*
Tél. : 01 40 02 95 00 – www.pap.fr.

Proposition de nouvelles modalités par le bailleur à l'issue du bail

Nous l'avons vu, à l'expiration du contrat, le bail est reconduit tacitement et aux mêmes conditions. Cependant, la loi du 18 janvier 2005 précise que le propriétaire peut proposer de nouvelles conditions de location (un nouveau loyer par exemple) au locataire à l'issue du bail. Le bailleur doit alors lui adresser une offre de renouvellement trois mois avant la fin du bail. Si le locataire accepte ces nouvelles conditions, le contrat est alors renouvelé pour un an aux nouvelles conditions.

Le montant du loyer et son indexation

Le propriétaire peut définir librement le montant de son loyer et ce à tout nouveau locataire.

Comme chaque logement représente un cas particulier où interviennent des paramètres comme la situation, l'étage, l'exposition, la surface, la distribution, le confort, l'état du mobilier, il est impossible de rationaliser le prix des loyers et de fournir une cote. On se réfère donc à ce qui est pratiqué aux alentours pour des logements similaires et c'est la loi du marché qui joue.

Chaque propriétaire sait qu'il vaut mieux proposer un prix de loyer « correct » et garder son locataire plutôt que de se montrer trop gourmand et mécontenter son locataire. Celui-ci risque de devenir un mauvais payeur qu'il faudra expulser par voie judiciaire.

Une fois le montant du loyer initial déterminé, nous avons prévu dans nos contrats la possibilité de réviser ce loyer en se servant de l'indice de référence des loyers (IRL). Il suffit de noter le dernier indice Insee connu à la date de la signature du contrat (téléphonez à nos bureaux 01 40 56 35 35 ou consultez le site www.pap.fr). Ensuite, chaque année, à la date anniversaire, on révise le montant du loyer en tenant compte de la variation de l'indice. Là encore, ce calcul peut être effectué sur notre site Internet. Vous trouverez également au paragraphe « L'indexation du loyer » un exemple de calcul d'une révision de loyer.

En cas de non-paiement du loyer ou des charges, nous avons inséré dans nos contrats une clause pénale ainsi qu'une clause résolutoire.

Clause pénale

Il s'agit d'une clause prévoyant une indemnisation forfaitaire du bailleur en cas de manquement par le locataire à ses obligations. Les clauses pénales sont valables à condition de ne pas être manifestement excessives (article 1152 du Code civil). Par exemple, en cas de retard de paiement du loyer, on peut prévoir que le locataire devra une indemnité forfaitaire proportionnelle au loyer dû (5 %, 10 %, 20 %). Elle est de 20 % dans nos contrats de location meublée.

On peut également prévoir une clause qui sanctionne le maintien abusif du locataire dans les lieux après expiration du bail, par le paiement d'une indemnité fixée à un montant très sensiblement supérieur au loyer. Elle est calculée sur la base de trois fois le prix du loyer dans nos contrats de location meublée.

Clause résolutoire

Ce type de clause sert à prévoir qu'en cas d'inexécution de ses obligations par l'une des parties, le bail est résolu de plein droit. Il est d'usage de prévoir cette clause pour défaut de paiement, ou encore pour non-production de l'attestation d'assurance par le locataire. Le recours aux clauses résolutoires permet de paralyser le pouvoir d'appréciation du juge. S'il est saisi, son rôle se limite en effet à prononcer automatiquement la résiliation du contrat, dès lors qu'il constate la matérialité du manquement. Nos contrats de location meublée contiennent une clause résolutoire pour défaut de paiement du loyer.

Les charges

En matière de location meublée, rien n'interdit d'imputer au locataire des charges forfaitaires, c'est-à-dire de définir une somme fixe qui ne varie plus, quel que soit le montant réel des charges. Ce forfait est seulement indexé chaque année, comme le loyer principal.

Les charges forfaitaires

Nous préconisons la pratique des charges forfaitaires pour tous les logements où les charges sont peu élevées et peu sujettes à variation (chambres de service, petits studios anciens avec chauffage non collectif, etc.). Cette méthode est alors pratique.

> **À savoir**
>
> Le forfait est réputé couvrir toutes les charges et il est impossible de demander au locataire le remboursement de charges qui auraient été omises dans le calcul du forfait (bien souvent, les propriétaires oublient d'incorporer la taxe d'enlèvement des ordures ménagères).

Les charges réelles

Il est aussi possible de demander au locataire le remboursement des charges locatives suivant le montant réellement payé.

Comme les syndics de copropriété n'établissent pas de comptes mensuels, le propriétaire est amené à demander au locataire une provision mensuelle (la plus proche possible du montant réel pour éviter les réajustements trop importants). Dès communication des comptes par le syndic, le propriétaire procède à l'apurement des dépenses en prenant soin d'envoyer les factures justificatives à son locataire pour éviter toute contestation.

Chaque année, le montant de la provision est réajusté en fonction des dépenses réelles de l'année précédente et de l'état prévisionnel des dépenses pour l'année suivante.

Dans l'hypothèse de charges réelles, il est d'usage de donner application par une clause du contrat au décret n° 87-713 du 26 août 1987 qui fixe la liste des charges récupérables pour la location vide.

Le montant du dépôt de garantie

Il est usuel de demander un dépôt de garantie au locataire. En matière de location meublée, la loi n'encadre pas le montant du dépôt. Habituellement, celui-ci est fixé à deux mois de loyer hors charges, mais dans le cas de location de courte durée, par exemple trois mois, il est fréquent de ne demander qu'un mois. À l'inverse, il est possible de réclamer une somme plus importante lorsque le logement est richement meublé.

Le dépôt de garantie sera restitué au maximum dans les deux mois qui suivent le départ du locataire. En fait, le propriétaire le restituera dès que les comptes seront apurés (charges, consommations individuelles, etc.) et après avoir constaté que le logement et le mobilier n'ont subi aucune dégradation. Cette vérification se fait grâce à l'état des lieux et à l'inventaire.

Les réparations locatives

Selon l'article 1754 du Code civil, le locataire est tenu des « réparations locatives ou de menu entretien ». Mais il ne fixe pas de liste précise de celles-ci. Aussi, il est d'usage, dans le contrat, de se reporter aux dispositions du décret du 26 août 1987 applicable aux locations vides, et qui fixe les réparations à la charge du locataire. C'est ce que nous appliquons dans nos contrats de location meublée.

Par ailleurs, le locataire doit répondre des dégradations qui se produisent pendant la location. Par conséquent, en fonction des dégradations observées lors de l'état des lieux de sortie, le locataire doit prendre en charge les réparations qui s'imposent de son fait.

L'assurance du logement

En location meublée, le locataire est responsable des dommages qu'il peut causer tant à l'immeuble qu'au mobilier. Par ailleurs, si un incendie se déclare pendant la location, le locataire est présumé responsable de cet incendie, et doit réparer l'intégralité des dégâts subis par le bailleur. Le montant des réparations peut rapidement prendre des proportions considérables, hors de la portée financière du locataire. Il est donc indispensable d'obliger le locataire à souscrire une assurance et de le prévoir dans le bail.

À savoir

Les compagnies d'assurances attendent le plus souvent que le locataire soit titulaire d'un bail pour l'assurer. Il est donc souvent utile de signer le bail quelques jours avant sa prise d'effet. La remise des clés se fait ainsi lors d'un second rendez-vous, contre justification par le locataire qu'il est bien assuré.

Les documents annexes au contrat

L'état des lieux et l'inventaire

Lors de la remise de clés au locataire, on établit un état des lieux et un inventaire, en autant d'exemplaires qu'il y a de parties prenantes au contrat.

Si nous pouvons vous fournir des modèles d'état des lieux, en revanche, nous n'avons pas établi d'inventaire type. En effet, il suffit de lister l'ensemble du mobilier et des objets garnissant le local en précisant leur état.

> ☞ *Vous pouvez vous procurer des modèles types d'état des lieux auprès du groupe De Particulier à Particulier. Tél. : 01 40 02 95 00 – www.pap.fr.*

L'état des lieux et l'inventaire établis lors de l'entrée dans les lieux serviront lors de la restitution des clés à constater les éventuelles dégradations. Si tel est le cas, le propriétaire sera :

- soit en mesure de chiffrer immédiatement le montant des réparations nécessaires – c'est souvent le cas lorsqu'il s'agit de petites détériorations – il défalque alors ce montant du dépôt de garantie ;
- soit dans l'obligation de faire faire un devis à une ou plusieurs entreprises spécialisées. Dans ce cas, le litige est plus sérieux. Le propriétaire impute le montant des réparations sur le dépôt de garantie et si celui-ci ne suffit pas à couvrir les frais, il demande au locataire le solde (à l'amiable, ou, en cas d'échec, par voie judiciaire). En la matière, c'est le tribunal d'instance qui est compétent, un avocat n'est pas obligatoire.

Les diagnostics immobiliers

Trois diagnostics immobiliers doivent être annexés au contrat de location meublée. Il s'agit :

- de l'état des risques naturels et technologiques (ERNT) qui indique, le cas échéant, si le logement se situe dans une zone sismique, inondable ou à proximité d'une usine ;
- le diagnostic de performance énergétique (DPE) qui doit être réalisé par un diagnostiqueur certifié ;

118

– le constat de risques d'exposition au plomb (CREP), lui aussi réalisé par un diagnostiqueur certifié, et dans l'hypothèse où le logement a été construit avant le 1er janvier 1949.

Les diagnostics immobiliers obligatoires en location meublée sont les mêmes qu'en location vide. Les modalités de chaque diagnostic ont été développées aux pages 18 à 21 de ce guide.

☞ Pour faire réaliser l'ensemble des diagnostics obligatoires,
vous pouvez vous adresser au service Diagnostics
du groupe De Particulier à Particulier.
Tél. : 01 40 02 95 00 – www.pap.fr.

Les autres pièces à annexer au contrat

Comme pour une location vide, d'autres pièces peuvent être annexées au contrat de location meublée. Il s'agit notamment :

– d'une fiche de répartition des charges entre le bailleur et le preneur. Cette fiche, s'il n'est pas obligatoire de l'annexer, est cependant extrêmement utile dans le cas, bien entendu, de charges payées au réel ;

– d'un engagement de caution solidaire. Lorsque le preneur ne peut fournir des garanties suffisantes (personne étudiante, non salariée, etc.), le bailleur pourra demander qu'un tiers (parent, ami) s'engage à payer le loyer et les charges dans le cas où le locataire serait défaillant.

Conseil

Pour être valable, un engagement de caution solidaire doit être correctement libellé (voir le paragraphe « L'indexation du loyer »). Ayez recours à notre modèle pour connaître la formulation exacte de ce document.

☞ Vous pouvez vous procurer des fiches de répartition des charges
et des modèles types de caution solidaire
auprès du groupe De Particulier à Particulier.
Tél. : 01 40 02 95 00 – www.pap.fr.

Le logement que je donne en location en meublé ne dispose pas
de télévision ni de lave-linge. Le contrat peut-il être requalifié
en location vide ?

Il n'existe pas de liste officielle des meubles qui doivent garnir une location meublée. La jurisprudence précise néanmoins que le locataire doit pouvoir entrer dans les lieux avec ses seuls effets personnels. Certains éléments sont considérés comme indispensables : un couchage (lit, matelas, couette…), des rangements (armoire, placards…), une table et des chaises, des luminaires, des équipements et ustensiles de cuisine (réfrigérateur, plaques de cuisson ou cuisinière, casseroles, poêles…), de la vaisselle et des couverts.

En fonction de la capacité d'accueil, du standing du logement, du loyer, des éléments de confort peuvent apparaître comme indispensables. Ainsi, une partie de votre clientèle pourrait ne pas comprendre l'absence d'une télévision, *a fortiori* si le logement est par ailleurs « haut de gamme ». De la même manière, on comprendra très bien l'absence d'un lave-linge dans un studio destiné à accueillir une personne seule ou un couple. En revanche, dans un logement destiné à une famille, un lave-linge sera considéré comme un élément indispensable.

J'ai entendu dire que le dépôt de garantie était désormais limité à un mois de loyer hors charges. Est-ce que cela s'applique dans mon cas ?

Depuis février 2008, le dépôt de garantie est limité à un mois de loyer hors charges… en location vide. En location meublée, le montant du dépôt de garantie exigé par le propriétaire est libre. En général, les propriétaires demandent deux mois de loyer. Dans l'hypothèse d'une location meublée de grand standing avec de nombreux meubles de valeur, il est possible de demander plus de deux mois de loyer.

Je suis sur le point de vendre le logement que je loue en meublé. Mon locataire bénéficie-t-il d'un droit de préemption ?

En location meublée, le locataire ne bénéficie pas d'un droit de préemption lorsque le propriétaire lui donne congé pour vente : il n'est pas prioritaire pour l'acquisition du bien. Le propriétaire doit seulement donner congé à l'échéance du bail en respectant un délai de préavis de trois mois pour informer le locataire de sa volonté de vendre le logement.

Bien sûr, le locataire est libre de formuler une offre d'achat mais le propriétaire n'est pas tenu de vendre le logement au locataire.

J'ai signé un contrat de bail étudiant. Or, après seulement deux mois, le locataire m'a donné congé. En a-t-il le droit alors que le bail stipule que la durée du contrat est de neuf mois ?

Bien que le contrat de location étudiant prévoie une durée de neuf mois, le locataire reste libre de donner congé à tout moment en respectant un délai de préavis d'un mois. Le propriétaire, lui, ne peut donner congé mais le contrat prend fin de lui-même au terme des neuf mois.

Dans quelle hypothèse dois-je prévoir une provision pour charges plutôt qu'un loyer charges comprises ?

Le forfait de charges a l'avantage de la simplicité : le montant des charges est fixé une fois pour toutes et vous n'avez pas de régularisation annuelle à effectuer. Toutefois, il faut faire attention car le forfait de charges est réputé couvrir l'intégralité des charges locatives et, en cas d'oubli, il ne sera pas possible de réajuster le forfait. Ainsi, nous préconisons le forfait de charges pour tous les logements où les charges sont peu élevées et peu sujettes à variation (chambres de service ou petits logements avec un chauffage non collectif par exemple).

On dit que la location meublée est moins réglementée que la location vide. Ai-je l'intérêt de louer en meublé pour me prémunir des locataires indélicats ?

La loi n° 89-462 du 6 juillet 1989 applicable à la location vide instaure un régime protecteur pour le locataire. Sauf certaines dispositions sur les diagnostics immobiliers et l'obligation de fournir un logement décent, la loi du 6 juillet 1989 n'est pas applicable à la location meublée. C'est le Code civil et l'article L. 632-1 du Code de la construction et de l'habitation qui encadrent cette activité. Le régime institué par ces textes tend toutefois à se rapprocher de la loi du 6 juillet 1989, surtout lorsque la location constitue la résidence principale du locataire.

Ainsi, les règles applicables au congé donné par le propriétaire sont désormais assez proches. Dans les deux types de location, le congé ne peut être donné qu'à l'échéance du bail en respectant un délai de préavis (six mois en vide et trois mois en meublé) pour l'un des motifs prévus par la loi (vente du logement, reprise pour habiter ou motif légitime et sérieux). La location meublée conserve une certaine souplesse : en cas de congé pour vente, le locataire n'a pas de droit de préemption ; en cas de reprise du logement pour habiter, aucune liste des bénéficiaires potentiels n'est prévue... Surtout, en location meublée, le propriétaire a la possibilité de donner congé tous les ans alors qu'il ne peut le faire que tous les trois ans en location vide.

En cas de litige, des loyers impayés par exemple, la procédure pour résilier le contrat est la même que pour la location vide (lettre recommandée avec accusé de réception, commandement de payer par huissier de justice et procédure devant le tribunal d'instance). Par la suite, la procédure d'expulsion, qui peut paraître très longue au propriétaire, est applicable, que le logement ait été loué vide ou en meublé.

123

Les locations saisonnières

De la même façon que les locations meublées, les locations saisonniè-res qui sont conclues chaque année, à l'occasion des vacances échappent aux dispositions de la loi du 6 juillet 1989 sur les baux d'habitation. Elles sont régies en premier lieu par le contrat lui-même, dont le contenu peut être bien sûr déterminé librement, et en l'absence de contrat par le droit contractuel commun et par quelques textes spécifiques.

Les principes de base

La définition d'une location saisonnière

Souvent considérée comme une variante de la location meublée, la location saisonnière s'en distingue cependant.

Une location saisonnière n'est pas obligatoirement meublée ; elle peut être louée vide. En pratique, cependant, les locaux sont meublés de façon systématique pour la commodité des locataires. Des locations saisonnières vides ne trouveraient pas aisément preneurs !

Alors que les locations meublées ne comportent aucune limitation dans le temps, la location saisonnière est une location de courte durée.

La location saisonnière ne doit jamais excéder une saison, c'est-à-dire une période déterminée de l'année et assez courte pendant laquelle une localité considérée reçoit un afflux de résidents. Selon une réponse ministérielle, la location saisonnière est celle *« dont la durée n'excède pas celle d'une saison d'été ou d'hiver, c'est-à-dire trois mois »* (réponse ministérielle n° 39019 *JO* du 26 décembre 1983). Cependant, contrairement à cette opinion, la durée de trois mois n'a pas été retenue par la jurisprudence ; elle n'est donc pas impérative.

Il a été décidé, par exemple, que dans une région touristique telle que la Côte d'Azur, des propriétaires peuvent consentir des locations à caractère saisonnier sur six mois, aussi bien pendant la saison estivale que pendant la saison hivernale (Cour de cassation, 3ᵉ civ., 22 juillet 1987).

La question se pose également de savoir si les locations vides faites à des étudiants pour l'année universitaire peuvent être considérées comme des locations saisonnières.

Un arrêt du 10 janvier 1986 de la cour d'appel d'Aix-en-Provence l'a admis à condition que la durée de la location ne dépasse pas celle d'une saison universitaire (de septembre – octobre à juin – juillet). Mais si l'étudiant conserve la jouissance des lieux pendant les vacances universitaires, la location sera automatiquement soumise à la loi du 6 juillet 1989. La durée du bail sera alors de trois ans.

La location saisonnière ne peut constituer que la résidence secondaire du locataire. Si le logement constitue la résidence principale du locataire, le bail sera requalifié en location meublée avec les conséquences que cela comporte. Ainsi, le bail consenti à un étudiant durant la période universitaire ne pourra être considéré comme une location saisonnière.

Les différents types de locations saisonnières

Les locaux non classés

La majorité des particuliers souhaite louer en saisonnier en toute liberté, c'est-à-dire sans s'astreindre aux procédures de classement. Cela est toujours parfaitement possible et ne nécessite aucune démarche.

Bien que le logement ne doive respecter aucune législation particulière, nous vous recommandons bien évidemment de louer un logement décent, bien équipé et assurant la sécurité de ses occupants. Par ailleurs, vous pouvez être soumis à certaines législations spécifiques (sécurisation des piscines privées par exemple).

Les chambres d'hôtes

Les chambres d'hôtes sont des chambres meublées situées chez l'habitant qui accueillent les touristes à la nuitée en leur offrant certaines prestations (le petit-déjeuner et le linge de maison par exemple).

Chaque chambre donne accès à une salle d'eau et à un w.-c. L'accueil est assuré par le propriétaire qui ne peut louer plus de cinq chambres pour une capacité maximale de quinze personnes.

Si vous dépassez ces seuils, il ne s'agira plus de chambres d'hôtes et des obligations supplémentaires s'imposeront à vous (en matière de sécurité incendie par exemple) : pour les connaître, vous devez vous renseigner en mairie et préfecture.

Statut juridique

Les loueurs de chambres d'hôtes dont le revenu imposable de l'activité (donc après abattement) dépasse un certain seuil doivent désormais s'affilier au registre social des indépendants (RSI) (art. 22 de la loi n° 2010-1594 du 20 décembre 2010). Cette réforme fait bénéficier à ces loueurs d'un statut social : en contrepartie des cotisations acquittées, ils bénéficient d'ouverture de droits sociaux à leur profit (pensions de retraite notamment).

Le seuil retenu est le seuil d'exonération de faibles revenus professionnels non salariés non agricoles applicable en matière de cotisations d'allocations familiales, soit 4 740 € pour 2011. L'affiliation ne concernera donc que les loueurs dont l'activité est importante, leurs recettes annuelles (loyers et charges perçus avant abattement) tirées des chambres d'hôtes devant dépasser 16 000 €. Cette affiliation au RSI devrait également clarifier la situation juridique des loueurs de chambres d'hôtes, rattachés au groupe des professions industrielles et commerciales, en leur permettant de bénéficier du statut d'auto-entrepreneur.

Déclaration en mairie

Vous devez déclarer vos chambres d'hôtes en mairie, par voie électronique, par lettre recommandée avec AR ou directement par un dépôt en mairie. La déclaration doit comporter un certain nombre d'éléments (adresse du bien, identité du propriétaire, nombre de chambres, capacité et période prévisionnelle de location). Le formulaire est disponible dans les mairies ainsi que, bien souvent, sur leur site Internet.

> **À savoir**
>
> La liste des chambres d'hôtes est consultable en mairie.

Les gîtes ruraux

Il s'agit de logements meublés indépendants (à la différence des chambres d'hôtes) appartenant à des propriétaires ruraux. Dans la grande majorité des cas, ils intègrent le réseau « Gîtes de France ».

Le label de qualité « Gîtes de France » garantit des normes de confort précises (1, 2, 3, 4 et 5 épis) et le respect d'une charte nationale. Tous les gîtes ruraux labellisés « Gîtes de France » sont classés en fonction de leur environnement, de leur degré de confort et de leurs services, et reclassés au moins une fois tous les cinq ans. Ils sont le plus souvent revisités en cas de litige.

> **À savoir**
>
> Le loueur doit accueillir ses hôtes et rester disponible pendant le séjour.

Les relais départementaux, seuls habilités à donner l'agrément « Gîtes de France », accompagnent ceux qui souhaitent créer des gîtes ruraux en leur apportant conseils et assistance (aide technique, financière et juridique).

Les gîtes ruraux peuvent également faire l'objet, de manière facultative, du classement « Meublé de tourisme » (voir ci-après).

Les meublés de tourisme

Pour une meilleure exposition de votre location et/ou pour viser une clientèle haut de gamme, vous pouvez choisir d'opter pour une location classée « Meublé de tourisme ».

Afin de renforcer son attractivité, la France s'est lancée, depuis l'été 2009, dans un grand plan de développement et de modernisation de ses services touristiques. Tous les secteurs sont touchés : hôtellerie, vente de voyages et de séjours, camping, locations saisonnières, etc. Dans ce cadre, les meublés de tourisme font dorénavant l'objet d'une nouvelle procédure de classement et doivent être déclarés en mairie.

Définition

Les meublés de tourisme sont des villas, appartements, ou studios meublés, à l'usage exclusif du locataire, offerts en location à une clientèle de passage qui y effectue un séjour caractérisé par une location à la journée, à la semaine ou au mois, et qui n'y élit pas domicile.

Normes à respecter

Les meublés de tourisme font l'objet d'un classement de 1 à 5 étoiles d'après un tableau de classement fonctionnant selon un système à points : 112 critères de contrôle répartis en 3 grands chapitres sont ainsi examinés : « Équipements et aménagements », « Services aux clients » et « Accessibilité et développement durable ».

Procédure de classement

Afin d'obtenir le classement, il suffit de commander une visite de contrôle au cabinet accrédité ou à l'organisme réputé accrédité de son choix (liste disponible sur www.classement.atout-france.fr). Le coût de la visite de contrôle est à la charge du loueur. Ensuite, le dossier de demande de classement doit être adressé en préfecture. Au total, la procédure de classement prend environ deux mois et peut se faire en grande partie sur Internet à partir du site www.atout-france.fr. Le classement obtenu est valable cinq ans ; au-delà, une nouvelle visite est nécessaire.

> **À savoir**
>
> Les classements obtenus selon l'ancienne réglementation (donc jusqu'en août 2010) restent valables jusqu'au 23 juillet 2012.

Avantages du classement

En tant que propriétaire, le principal intérêt est la valorisation de votre patrimoine et la possibilité de toucher une clientèle plus nombreuse et plus haut de gamme. Par ailleurs, la qualité des prestations permet de prévenir la plupart des litiges ; lorsque ceux-ci surviennent néanmoins, le classement permet également d'être mieux armé contre des critiques ou demandes abusives ou fantaisistes. Enfin, notons que contrairement aux idées reçues, le classement « Meublé de tourisme » n'est pas l'apanage de loueurs professionnels et est parfaitement adapté aux particuliers.

> **À savoir**
>
> Vous pouvez signaler le classement de vos meublés par l'affichage d'un panonceau réglementaire. Par ailleurs, vous devez afficher, de manière visible à l'intérieur du meublé, l'arrêté de classement et le dernier certificat de visite.

Déclaration en mairie

Vous devez déclarer vos meublés de tourisme en mairie, par voie électronique, par lettre recommandée avec AR ou directement par un dépôt en mairie. La déclaration doit comporter un certain nombre d'éléments (l'adresse du bien, l'identité du propriétaire, le nombre de lits et la ou les périodes prévisionnelles de location).

Tout changement concernant les éléments d'information que comporte la déclaration fait l'objet d'une nouvelle déclaration en mairie.

> **À savoir**
>
> La liste des meublés de tourisme est consultable en mairie.

La réservation d'une location saisonnière

Si vous possédez un logement que vous vous apprêtez à louer, veillez, dans votre annonce, à bien indiquer les caractéristiques essentielles du bien, telles que sa situation la plus exacte possible, sa capacité d'hébergement maximale et les principaux équipements dont il est doté, sans oublier les conditions de prix et les périodes proposées à la location.

N'oubliez pas d'indiquer un attrait déterminant pour la villégiature que vous proposez, qui pourra être la vue directe sur la mer, le panorama ou bien encore la proximité de lieux réputés pour leur intérêt touristique.

Conseil

Pour une information complète du locataire, indiquez les distances moyennes qui séparent le logement loué des lieux de loisirs et des équipements divers.

L'emploi d'adjectifs tels que « superbe », « luxueux », « somptueux », ou de désignation comme « propriété de caractère » est à éviter, car ces précisions, somme toute subjectives, risquent par la suite de susciter des discussions, sinon des contestations de la part des futurs locataires. Il est donc préférable d'indiquer la nature la plus significative de votre bien et éventuellement de compléter votre description en faisant état d'un équipement haut de gamme ou de qualité.

Un descriptif avant tout versement

Un modèle préétabli est proposé à tous les propriétaires qui louent en saisonnier et doit obligatoirement être remis au candidat locataire. Il permet de répondre ainsi à toutes les questions qu'un locataire pourrait se poser car il traite aussi bien du type de construction, de la situation du bien que de la description intérieure du logement. Ainsi, pour chaque pièce, on précise son état général et son équipement. Quant aux conditions de la location, elles font l'objet d'une clause spéciale qui rappelle le montant du loyer, la période de location en précisant les dates et horaires de départ et d'arrivée. Ces dernières indications sont loin d'être superflues car de nombreux désaccords peuvent naître d'une absence de précision à laquelle il est difficile de remédier par la suite.

Conseil

Même si vous ne respectez pas à la lettre le modèle de descriptif, ne faites pas l'impasse sur cette formalité car c'est l'une des conditions essentielles au bon déroulement de la location.

☞ Vous pouvez vous procurer des modèles de contrats de location saisonnière et des états descriptifs dans nos boutiques, par correspondance ou par téléchargement sur le site www.pap.fr.

Les propriétaires qui louent un logement équipé d'une piscine privée enterrée et non close ont désormais l'obligation d'installer un dispositif de sécurité (voir le paragraphe : « Dispositif de sécurité des piscines »). Il convient par conséquent de préciser, dans le descriptif, la nature du dispositif de sécurité installé.

Ne vous avisez pas, lors de l'élaboration de ce document, de donner des informations qui ne seraient pas conformes au logement loué car vous seriez susceptible d'être condamné à une amende de 3 750 €.

Des arrhes ou un acompte ?

Vous joindrez à votre envoi un courrier d'accompagnement dans lequel vous demanderez alors au candidat locataire de vous envoyer un chèque de réservation qui est en pratique égal à 25 % du montant total de la location.

À savoir

Cette limite, qui s'impose aux professionnels, ne s'applique pas aux particuliers qui louent en saisonnier ; toutefois, l'usage est de prévoir la même modalité.

Éventuellement, vous pourrez demander un montant plus élevé si la réservation s'effectue seulement quelques semaines avant la location.

Dans tous les cas, vous indiquerez toujours le sort des sommes versées en cas de désistement.

À réception du descriptif, le locataire vous adressera un chèque de réservation avec une lettre d'accompagnement concrétisant son engagement.

Il y a des termes que l'on entend souvent sans pouvoir en connaître la signification exacte. Il en est ainsi des arrhes qui représentent une somme d'argent versée au moment d'une commande ou d'une réservation. Celle-ci s'impute sur le prix prévu lorsque le candidat locataire confirme son choix ou bien elle est perdue s'il change d'avis. En revanche, si c'est le propriétaire qui se désiste, il reverse le double de ce qu'il a perçu.

Quant aux acomptes, ils constituent le premier versement d'une prestation ou d'un achat et, contrairement aux arrhes, ils ne représentent pas en principe un dédit au profit de celui qui a proposé la location. Aussi, en versant une somme qualifiée d'acompte, vous vous engagez définitivement sans pouvoir vous désister car le propriétaire peut vous contraindre à payer le solde du prix, même si vous ne désirez plus louer le logement.

Conseil

Chaque partie doit veiller attentivement à la qualification des sommes versées à l'occasion d'une réservation.

Si vous proposez une location plusieurs mois avant la période de vacances, prévoyez que les arrhes versées seront perdues. Toutefois, si les locataires se désistent peu de temps après avoir réservé une location prenant effet plusieurs mois plus tard, vous pouvez éventuellement les rembourser (déduction faite des frais d'annonces éventuels) si vous retrouvez rapidement des locataires.

Il n'existe donc pas de délai de rétractation légal si bien qu'il dépend de la seule volonté du propriétaire de convenir d'un remboursement après un désistement.

Conseil

Prévoyez que les arrhes se « transforment » en acompte si le désistement intervient moins de trois semaines avant le début de la location (c'est ce qu'indiquent les contrats proposés par De Particulier à Particulier). Dans cette dernière hypothèse, vous pouvez demander l'intégralité du loyer aux locataires qui ne donnent pas suite à la location à condition d'avoir prévu cette disposition dans le contrat.

La réservation ne saurait être parfaite et définitive sans l'établissement d'un contrat écrit stipulant un certain nombre de clauses permettant à chacun de vous de connaître exactement l'étendue de ses engagements et de ses droits.

Le contrat de location

Se contenter d'un simple échange de courriers pour concrétiser la location, ce qui n'est pas rare en pratique, est fortement déconseillé et ce, pour deux raisons :

- la loi énonce que tout contrat de location saisonnière doit revêtir la forme écrite et contenir l'indication du prix demandé ainsi qu'un état descriptif des lieux (article L. 324-2 du Code du tourisme) ;
- un contrat écrit assure la sécurité juridique tant du propriétaire que du locataire. C'est par exemple le seul moyen qui permet de se défendre efficacement si un différend survient : rédiger un véritable contrat doit donc être systématique.

Si la liberté de rédaction est relativement grande, il convient d'éviter toutes les clauses de nature à restreindre trop fortement les droits de l'une ou l'autre des parties. Par exemple, le fait d'empêcher le locataire d'obtenir réparation du préjudice qu'il subit en cas de modification unilatérale du contrat effectuée par le propriétaire est abusif.

Nous n'insisterons pas sur l'intérêt évident de la première clause relative à l'identité des parties. Elle doit être impérativement complétée en indiquant les noms et adresses habituelles du locataire et du bailleur. Ces précisions seront essentielles pour toute correspondance ultérieure.

Le loyer et ses accessoires

Le prix

Le prix est défini librement car aucun texte n'en régit la fixation. Professionnel ou non, il n'existe donc pas de contraintes pour déterminer le tarif de votre location saisonnière.

Toutefois, il est conseillé de prendre contact avec le syndicat d'initiative ou l'office de tourisme le plus proche de votre logement pour connaître la fourchette des prix pratiqués compte tenu des prestations proposées.

Les charges

Au loyer proprement dit s'ajoutent les charges liées à l'entretien de l'appartement ou de la maison mis en location.

Le choix est libre de les inclure globalement dans le prix indiqué dans l'annonce ou de fixer une provision qui sera ultérieurement réajustée en fonction des dépenses réelles. Autre variante, une partie forfaitaire peut être évaluée et payée avec le loyer. Le reliquat dû, s'il y a lieu, sera alors acquitté après les justificatifs de consommation concernant l'eau chaude, l'eau froide ou bien encore le téléphone et la taxe de séjour.

Pour les locations saisonnières, il est toutefois plus simple de fixer un montant forfaitaire définitif qui comprend un prorata de charges en fonction de la période de location. Ce montant pourra donc être plus élevé l'hiver que l'été en raison de la consommation de chauffage. Les dépenses d'entretien et de gardiennage y seront incluses ainsi que les taxes habituellement acquittées par les locataires, tel le droit de bail.

Le dépôt de garantie

Un dépôt de garantie peut être exigé lors de l'entrée dans les lieux avec le solde du loyer afin de garantir le propriétaire contre d'éventuels dégâts qui pourraient être constatés à la fin de la période de location. Il sera chiffré en fonction de l'importance et de la qualité des prestations fournies dans la location. Généralement, le dépôt de garantie est fixé entre 20 % et 30 % du loyer, mais la loi ne prévoit pas de limite spécifique.

Le contrat devra donc reproduire son montant ainsi que les modalités de remboursement ; par exemple, que le dépôt de garantie sera remis après l'état des lieux de sortie constatant que tous les meubles et équipements sont présents et en bon état. En pratique, il est restitué immédiatement si l'état des lieux ne constate aucun problème. Il reste possible de préciser que la restitution aura lieu dans un délai de dix jours après le départ.

> **À savoir**
>
> Aucune loi n'interdit au propriétaire de demander à son locataire le versement de la totalité du loyer avant l'entrée dans les lieux. Toutefois, il est d'usage d'exiger seulement des arrhes au moment de la réservation et de solliciter le paiement du solde à la remise des clés.

La durée de la location

Les locations saisonnières, conclues la plupart du temps pendant les périodes de vacances, n'excèdent pas en principe la durée d'une saison.

Toute latitude est cependant laissée pour déterminer la durée de la location qui peut être proposée à la semaine, à la quinzaine ou au mois selon le degré de souplesse qu'un bailleur souhaite offrir à ses locataires.

Au nombre exact de semaines louées, il ne faut pas manquer d'ajouter dans le contrat la tranche horaire de départ et d'arrivée en demandant au locataire de confirmer celle-ci quelques jours avant.

Par prudence, il est nécessaire de compléter cette clause par une interdiction de reconduire l'engagement de location sans l'accord préalable et écrit du propriétaire.

Conseil

Dans la crainte qu'un locataire ne libère pas les lieux dans les délais qui lui sont impartis, prévoyez qu'il sera tenu de payer une indemnité par jour de retard.

L'assurance du logement

Contrairement à la location vide, le locataire n'est pas obligé de s'assurer. Toutefois, il est responsable pendant toute la durée de la location des dégradations et pertes qui sont survenues à la suite d'un incendie (article 1732 du Code civil). Il est donc important de régler le problème de l'assurance dès l'établissement du contrat et de choisir l'option qui convient le mieux à chacun parmi les trois solutions suivantes :

- le propriétaire se charge d'assurer le logement pour le compte de tous les locataires successifs. En accord avec son assureur, il souscrit une assurance « pour le compte de qui il appartiendra » avec abandon de recours, autrement dit le propriétaire renonce à réagir ensuite contre son locataire. Ce dernier est ainsi couvert pour tous les dommages causés au logement ou aux personnes, qu'il s'agisse des voisins ou des tiers ;

– le propriétaire ne désire pas se charger des problèmes d'assurance, le contrat doit alors préciser que le locataire est tenu de s'assurer. Aucune démarche particulière n'est à effectuer lorsque l'assurance multirisque habitation pour la résidence principale du locataire comprend une garantie « villégiature ». Si la propriété louée est de grande valeur par rapport à celle que vous occupez, veillez à le faire préciser à votre assureur afin de modifier les conditions d'assurance ;

– lorsque l'assurance du logement principal ne comprend pas une telle clause et que le propriétaire ne s'est pas chargé d'assurer le logement de vacances, il faudra souscrire une assurance spéciale pour la période louée.

La solution la plus simple reste la première (assurance du propriétaire) car elle évite toute vérification auprès du locataire. Le propriétaire est donc certain d'être garanti. En ce qui concerne le coût de l'assurance, il sera répercuté sur le prix de la location.

La désignation du logement

Sans reprendre avec nombre de détails le descriptif, le contrat doit mentionner les caractéristiques du logement loué. Maison ou appartement, chaque catégorie devra être définie par sa composition, autrement dit le type du logement et le nombre de pièces figureront clairement dans le bail. Une fois encore, la description du bien à louer ne doit par exemple pas recourir au terme « villa » s'il s'agit d'un simple bungalow ou d'un appartement de plain-pied situé dans une copropriété horizontale.

La description sera complétée par la présence d'annexes et, le cas échéant, par la désignation des équipements privatifs et communs qui sont à la disposition du locataire pendant la période de location.

Avec l'obligation qu'ont les propriétaires de piscines privées enterrées non closes d'installer un dispositif de sécurité normalisé, il convient de rappeler dans le contrat le dispositif dont est équipée la piscine (voir le paragraphe « Dispositif de sécurité des piscines »).

Si le logement loué est situé sur un terrain commun à d'autres maisons, il importe de le spécifier et de préciser que le locataire devra partager avec d'autres les installations de loisirs telles qu'un court de tennis ou une piscine, afin de ne pas créer de confusion entre les équipements strictement privatifs et les autres. De fâcheux malentendus seront ainsi évités…

Le dossier de diagnostic technique

Comme pour toute location, le propriétaire est tenu de remettre un dossier de diagnostic technique lors de la signature du contrat de location. Ce dossier comprend deux diagnostics :

- l'état des risques naturels et technologiques (ERNT) ;
- le constat de risques d'exposition au plomb (CREP).

À savoir

Depuis le 14 juillet 2010, le diagnostic de performance énergétique (DPE) n'est plus à fournir au locataire pour les locations saisonnières.

Les autres indications utiles

Le nombre de personnes

Afin de limiter tout abus de la part des futurs locataires tentés d'héberger de nombreux amis, il est important d'indiquer le nombre maximal de personnes autorisées dans les lieux.

Les animaux

Contrairement à ce que l'on trouve dans certains contrats, un propriétaire ne dispose pas légalement, du droit d'interdire au locataire l'introduction d'animaux familiers dans le logement en location (article 10 de la loi du 9 juillet 1970). Néanmoins, une clause peut préciser que les locataires seront pleinement responsables des troubles causés par leur chien ou chat. Par ailleurs, le propriétaire conserve la faculté d'interdire au locataire d'avoir plus d'un animal.

Les prestations en sus du loyer

Si le locataire est tenu d'entretenir le logement, une clause du contrat peut prévoir dès le départ que le nettoyage sera effectué par un personnel d'entretien et que le coût sera supporté par le locataire. Le montant doit être inscrit au contrat dès sa signature. À défaut, le locataire serait en droit de refuser le paiement.

La remise des clés

Si le propriétaire n'est pas sur place, il veillera dans le bail à indiquer toute mention utile concernant l'identité de la personne chargée de remettre les clés et d'effectuer l'état des lieux.

Le séjour dans la location

L'entrée dans les lieux

L'entrée dans les lieux du locataire est une étape majeure car elle voit converger plusieurs opérations : remise des clés et rédaction de l'état des lieux, paiement du solde du loyer.

Il est indispensable d'établir un état des lieux et un inventaire lors de la remise des clés ainsi qu'à leur restitution. Ils doivent être aussi complets et détaillés que possible et signés par les deux parties. Ils recensent l'ensemble des équipements et leur état. L'établissement de ces documents permet de s'assurer de la conformité du logement, de son environnement et de ses équipements avec le descriptif. Dans le cas contraire, des réserves sont consignées. À l'opposé, s'il n'a pas été procédé à l'état des lieux et si un litige survient, il sera plus difficile pour le locataire d'exercer un recours. Il est présumé avoir reçu les locaux en bon état et devra donc apporter la preuve du mauvais état du logement (témoignage, photo, constat d'huissier…).

Le dépôt de garantie est versé contre un reçu au moment de l'entrée dans les lieux. Il sera restitué immédiatement en fin de séjour lorsqu'aucune dégradation n'aura été constatée, ou au plus tard dans le délai fixé dans le contrat ; au maximum dans les deux mois de la remise des clés.

Par ailleurs, comme dans toute location, bailleur et locataire s'engagent à respecter des devoirs réciproques.

Les obligations du bailleur

Le bailleur est d'abord obligé de délivrer au preneur la chose louée en bon état de réparations de toute espèce. Le local doit être conforme à l'état descriptif et à l'inventaire. La prise de possession des lieux par le locataire sans contestation de sa part ne constitue pas une acceptation des locaux en l'état et ne l'empêche aucunement d'exercer ses recours, en écrivant rapidement par lettre recommandée au propriétaire pour lui faire part des problèmes constatés.

Puis, il doit entretenir les locaux en état de servir à l'usage prévu par le contrat. Le bailleur est donc tenu d'effectuer pendant la durée du contrat toutes les réparations autres que locatives (entretien courant et menues réparations).

Ensuite, il faut qu'il garantisse au locataire une jouissance paisible des lieux pendant la durée du bail en s'abstenant de tout fait susceptible de troubler cette jouissance. Par ailleurs, il garantit le locataire des troubles causés par des tiers au contrat (si un voisin entreprend des travaux de construction ou de démolition, il sera prudent de s'abstenir de mettre en location).

Le bailleur doit garantir le locataire des troubles survenant pendant la location. Les exemples sont sur ce point abondants : les installations électriques ou équipements électroménagers défectueux devront être réparés, l'humidité excessive devra être supprimée au moyen de procédés adaptés et la présence d'insectes sera éliminée par des produits efficaces.

En cours de location, le bailleur s'interdit de modifier la forme des lieux loués, de diminuer ou supprimer unilatéralement les services prévus.

Enfin, il a l'obligation de restituer le dépôt de garantie au terme de la location.

Dispositif de sécurité des piscines

Afin de réduire le nombre de noyades dans les piscines privées, en particulier les noyades de jeunes enfants, la loi impose un dispositif de sécurité normalisé pour les piscines (article L. 128-1 et suivants du

Code de la construction et de l'habitation). Sont concernées les piscines privées enterrées (ou semi-enterrées) non closes. Attention, toutefois, si la piscine fait partie d'une résidence en copropriété, dès lors qu'un logement fait l'objet d'une location saisonnière, l'installation d'un tel dispositif s'impose. Il appartient alors à l'assemblée générale de décider du modèle à installer.

En revanche, votre piscine n'est pas concernée si elle est posée sur le sol, gonflable ou démontable, ou si elle est située à l'intérieur d'un bâtiment.

Les locations saisonnières dotées d'une piscine doivent être impérativement munies d'un dispositif de sécurité conforme et ce, depuis le 1er mai 2004.

Notez que lorsqu'un logement ne fait l'objet d'aucune mise en location, sa piscine doit néanmoins être sécurisée selon les mêmes modalités et ce, depuis le 1er janvier 2006.

Attention ! si ces dispositions ne sont pas respectées, vous encourez une peine d'amende de 45 000 €.

Les normes à respecter

La piscine doit être équipée d'un dispositif de sécurité choisi parmi les quatre proposés : barrières de protection, système d'alarme sonore, couverture de sécurité ou abris clos de piscine.

Quel équipement installer ?

Pour qu'il soit aux normes, votre système de sécurité doit au minimum assurer la protection d'enfants de moins de cinq ans :

- les barrières de protection doivent être réalisées, construites ou installées de manière à empêcher le passage d'enfants de moins de cinq ans sans l'aide d'un adulte, à résister aux actions d'un enfant de moins de cinq ans, notamment en ce qui concerne le système de verrouillage de l'accès, et à ne pas provoquer de blessure ;
- les couvertures doivent être réalisées, construites ou installées de façon à empêcher l'immersion involontaire d'enfants de moins

141

de cinq ans, à résister au franchissement d'une personne adulte et à ne pas provoquer de blessure ;
- les abris doivent être réalisés, construits ou installés de manière à ne pas provoquer de blessure et être tels que, lorsqu'il est fermé, le bassin de la piscine est inaccessible aux enfants de moins de cinq ans ;
- les alarmes doivent être réalisées, construites ou installées de telle manière que toutes les commandes d'activation et de désactivation ne doivent pas pouvoir être utilisées par des enfants de moins de cinq ans. Les systèmes de détection doivent pouvoir détecter tout franchissement par un enfant de moins de cinq ans et déclencher un dispositif d'alerte constitué d'une sirène. Ils ne doivent pas se déclencher de façon intempestive.

Afin de vous assurer que les dispositifs et matériels que vous souhaitez installer respectent bien ces exigences, il vous suffit de vérifier qu'ils sont conformes aux normes françaises homologuées et définies par l'Association française de normalisation (Afnor). En effet, les dispositifs conformes aux normes françaises sont présumés satisfaire aux exigences de sécurité. Les quatre dispositifs homologués ont été, dans un premier temps, les suivants :
- des barrières de protection et moyens d'accès au bassin (norme NF P 90-306) ;
- des systèmes d'alarme (norme NF P 90-307) ;
- des couvertures de sécurité et dispositifs d'accrochage (norme NF P 90-308) ;
- des abris de piscine (norme NF P 90-309).

Conseil

En raison des évolutions et améliorations techniques, des amendements aux normes font fréquemment l'objet d'avis d'homologation publiés au *Journal officiel* ; les sigles qui sont attachés à chaque dispositif peuvent alors s'en trouver modifiés. Il est donc fortement recommandé de se renseigner, notamment auprès de l'Afnor (11, rue Francis de Pressensé 93210 Saint-Denis. Tél. : 01 41 62 80 00 – www.afnor.fr) pour connaître les dernières normes en vigueur au moment où l'on sécurise sa piscine.

Votre dispositif est-il aux normes ?

Pour les propriétaires de piscines qui disposaient déjà d'un système de sécurité, ou qui l'ont installé alors que sont intervenus les différents textes relatifs à la sécurité, comment savoir si le dispositif choisi est aux normes ?

Si votre dispositif anti-noyade date d'avant 2004, il vous faut alors prouver que votre installation offre les mêmes garanties de sécurité que celles définies par la loi (voir ci-dessus « Les normes à respecter »). Il est nécessaire pour cela de solliciter l'avis d'un professionnel qui vérifiera votre installation et vous remettra une attestation de bonne conformité aux prescriptions réglementaires, le cas échéant.

Le propriétaire peut également, sous sa propre responsabilité, attester de cette conformité par un document accompagné des justificatifs techniques utiles. Il va sans dire que cela ne sera pas aisé à établir par un non-professionnel. De plus, les sanctions pouvant être très lourdes pour le propriétaire, il est vivement conseillé de vous faire remettre un document attestant que l'installation est conforme aux nouvelles prescriptions réglementaires, par un fabricant, un vendeur, un installateur ou un contrôleur technique.

À savoir

Un modèle d'attestation de conformité est annexé à l'article R. 128-4 du Code de la construction et de l'habitation.

Si vous aviez déjà équipé votre piscine, avant mai 2004, d'un dispositif conforme aux normes Afnor de décembre 2003, vous pouvez le conserver. L'installateur doit vous avoir remis une attestation.

Afin d'être certain que votre dispositif réponde aux critères de sécurité, vous avez intérêt à équiper votre piscine d'un matériel certifié Afnor. Pour tout renseignement, vous pouvez consulter le site Afnor : www.afnor.fr

Les obligations du locataire

- Le locataire doit utiliser la chose louée en « bon père de famille », c'est-à-dire sans commettre d'abus.
- Le locataire peut posséder un animal familier, sous réserve qu'il ne fasse pas de dégâts et ne trouble pas la jouissance des voisins.
- Le locataire est responsable des dégradations et pertes survenues pendant le cours du bail par sa faute (article 1732 du Code civil). Le locataire doit donc, pour se dégager de l'obligation qui pèse sur lui, démontrer qu'il n'a pas commis de faute.

En outre, les contrats contiennent souvent une clause stipulant que le preneur ne répond pas des dégradations et des pertes occasionnées par un événement constitutif de force majeure.

La force majeure

La force majeure est définie comme un événement imprévisible, irrésistible, totalement étranger à la personne du locataire et contre lequel son intelligence et sa volonté ne peuvent rien : tremblement de terre et inondations soudains, cyclones, chutes de neige abondantes et inhabituelles.

Il convient de mentionner que le législateur a mis en place un système d'indemnisation des victimes de catastrophes naturelles. Aux termes du décret du 2 août 1985, les contrats d'assurance multirisque garantissent automatiquement les effets des catastrophes naturelles.

- Le locataire est obligé de payer le prix du bail aux termes convenus. Il doit également supporter les réparations locatives ou de menu entretien sauf lorsqu'elles sont occasionnées par la vétusté ou la force majeure.

La vétusté

La vétusté est définie comme l'usure résultant de l'usage prolongé des lieux sans aggravation de cette usure par le fait du locataire.

- Le locataire répond de l'incendie des locaux loués à moins qu'il ne prouve que l'incendie soit arrivé par cas fortuit qui s'analyse comme une cause indéterminée, force majeure, vice de construction ou qu'il a été communiqué par une maison voisine. Dès lors, comme nous l'avons dit plus haut, le locataire en saisonnier doit vérifier que sa responsabilité est couverte par une assurance couvrant les risques locatifs.

– Le locataire doit libérer les lieux le dernier jour de la location et les restituer dans l'état dans lequel il les a pris.

Les litiges et les sanctions

Nous abordons ici différentes situations auxquelles propriétaire ou locataire peuvent être confrontés lors d'une location saisonnière. Nous indiquons pour chacune d'elles comment procéder pour aboutir rapidement à une solution. Très souvent en effet, de petits différends ne se règlent pas, faute pour l'une ou l'autre des parties d'avoir effectué la bonne démarche ou d'avoir accepté un accord amiable tout à fait convenable.

Les deux principales causes de désagrément sont le désistement et le défaut de conformité des locaux loués. Se pose également le problème de la restitution (ou non) du dépôt de garantie ou de la dégradation des locaux par le locataire.

Le désistement

● **Le désistement du locataire deux mois avant le début de la location**

Si le locataire a versé des arrhes, celles-ci sont perdues puisque le propriétaire est tout à fait en droit de les conserver. Cela compense le préjudice qu'il subit : il doit retrouver un preneur et risque de perdre une partie du loyer.

Si la somme versée a été qualifiée d'acompte au moment de la réservation, le locataire ne peut en principe pas se désister. Cela signifie que non seulement il perd la somme versée mais qu'il doit de plus, payer le montant total du loyer. Les locataires ont donc tout intérêt à mentionner très clairement que la somme versée pour la réservation représente des arrhes.

> **À savoir**
>
> Certains contrats stipulent que si l'annulation survient suffisamment longtemps à l'avance et que le logement est reloué, le propriétaire rembourse au locataire la somme versée pour la réservation, déduction faite des frais qu'il a dû engager pour relouer.

En tout état de cause, le locataire peut convaincre de sa bonne foi le loueur et tenter de récupérer une partie de l'argent avancé.

● **Le désistement du locataire une semaine avant le début de la location**
Très souvent, les contrats de location saisonnière prévoient que trois semaines avant le début de la location, les arrhes « se transforment » en acompte. Aussi, l'annulation une semaine avant implique le règlement intégral du loyer. Au mieux, le locataire en négociera le remboursement si le propriétaire parvient à relouer, déduction faite du loyer pour le temps de location perdu et des frais engagés pour relouer. Le propriétaire cependant n'est pas tenu d'accepter, sauf si une clause du contrat prévoit ce cas de figure. À défaut de clause et d'accord amiable, le propriétaire peut réclamer le montant du loyer devant le tribunal d'instance.

● **L'annulation de la location par le propriétaire**
En principe, le propriétaire ne peut pas annuler son engagement. Toutefois, si certains impératifs l'y obligent, il doit indemniser le locataire.

Si le locataire a versé des arrhes, le propriétaire lui restituera le double de cette somme (article 1590 du Code civil applicable en cas de vente, mais étendu aux locations par la jurisprudence).

S'il s'agissait d'acompte, la situation est plus difficile. Le propriétaire doit bien sûr restituer cet acompte au locataire mais également l'indemniser pour le préjudice subi. Tout dépend alors de la date de l'annulation. Si celle-ci intervient suffisamment longtemps à l'avance pour permettre au locataire de trouver une autre location, il peut lui restituer le double de la somme versée. En revanche, si l'annulation est tardive, un accord amiable doit tenter d'être conclu en tenant compte de la situation du locataire : vacances annulées, autre location mais plus chère ou beaucoup moins confortable, etc.

À défaut, le locataire saisira le tribunal d'instance. Le montant des dommages et intérêts sera alors fixé par le juge en fonction du préjudice subi.

Comment saisir le tribunal ?

Si le montant de votre demande est inférieur à 4 000 €, vous saisirez le tribunal en adressant un courrier simple au greffe du tribunal ; vous exposerez dans ce courrier avec précision vos prétentions et les motifs de votre demande en y joignant les justificatifs. Le greffe vous convoquera à l'audience ainsi que l'autre partie.

En revanche si votre demande dépasse 4 000 €, vous devez vous adresser à un huissier (ou à un avocat si vous décidez d'y avoir recours) qui se chargera de toutes les formalités. Il délivrera une assignation à votre adversaire, quinze jours au moins avant la date de l'audience. Attention : la procédure doit être contradictoire. Il en résulte que vous devez communiquer vos pièces, c'est-à-dire vos preuves et justificatifs, à votre adversaire avant l'audience.

Le défaut de conformité

La définition du défaut de conformité

Il existe de nombreux exemples :

- le descriptif mentionnait que la villa était équipée d'une piscine. Or celle-ci n'est pas privée mais commune à plusieurs villas ;
- le descriptif précisait que la plage était à 300 mètres. Elle est en réalité à plus de 2 kilomètres ;
- le descriptif citait un jardin, et il n'y a qu'une courette pavée ;
- le descriptif indiquait une cuisine équipée, et seul un vieux réfrigérateur est en place.

Dans tous ces cas, vous pouvez réagir. Il faut que le défaut de conformité soit réel et suffisamment important pour contester auprès du propriétaire. De la sorte, si la mer est à 500 mètres au lieu de 300 mètres, le défaut n'est pas assez tangible pour vous donner droit à une action.

Une solution amiable avec le propriétaire

Elle est envisageable si le propriétaire est sur place pour la remise des clés et le paiement du solde du prix. Vous pouvez ainsi tout de suite lui signaler le problème et négocier avec le loueur.

- Soit vous décidez de rester, moyennant une diminution du prix du loyer. Il est alors prudent de disposer de l'agrément écrit du propriétaire (en modifiant tout simplement le contrat).
- Soit vous désirez annuler et obtenir le remboursement de la location et surtout de la somme versée pour la réservation :
  - si le propriétaire est d'accord, il s'agit d'un bon arrangement même si vous estimez que vous auriez pu avoir un dédommagement supplémentaire puisque vous êtes obligé de trouver une autre location. Cette solution amiable évite un recours judiciaire, et donc une perte de temps, d'argent et la venue de tracas (n'oubliez pas que le tribunal compétent est celui du lieu de situation de l'immeuble et non de votre domicile) ;
  - malgré le défaut de conformité, le propriétaire n'accepte pas. Bien souvent, c'est parce qu'il conteste la réalité ou l'importance de ce qui pour vous est déterminant. Il s'agit malheureusement souvent d'un problème d'appréciation.

Autre situation : il n'est pas sur place, vous avez payé le loyer et vous ne pouvez pas le joindre pour une solution amiable. La marche à suivre s'organise alors autour de plusieurs étapes.

● Les premières démarches

Le premier réflexe du locataire est de se ménager des preuves de la non-conformité.

L'idéal est de faire établir un constat d'huissier, et sans délai, c'est-à-dire le jour même de votre arrivée. Un constat établi trois jours après le début de la location peut être contesté, principalement si le problème concerne l'intérieur du logement et les éléments d'équipement.

Il est vrai qu'il n'est pas toujours facile de faire intervenir sans délai un huissier, surtout un samedi (les locations étant souvent consenties à partir du samedi).

À défaut de constat d'huissier, prenez des photos ou des films et tentez de trouver des témoignages, ceux des voisins par exemple, afin de réunir le maximum de preuves.

S'il s'agit en revanche d'un problème de distance (par exemple, plage ou équipements plus éloignés qu'indiqués), la preuve peut en être apportée facilement avec un plan ou des dépliants sur la région. Elle est surtout difficilement contestable.

Les personnes ou organismes à contacter

Vous pouvez encore tenter une conciliation amiable en vous adressant à divers organismes.

S'il s'agit d'une location classée dans les meublés de tourisme, vous pouvez contacter le syndicat d'initiative ou l'office de tourisme qui vous a fourni la liste. Il est rare cependant que ces organismes interviennent directement.

Mieux vaut dans les huit jours qui suivent le début de la location saisir la Commission départementale d'action touristique qui siège à la préfecture en lui adressant une lettre recommandée avec accusé de réception. Le préfet peut alors faire contrôler les locaux loués par des personnes habilitées et, après avis de la commission, procéder au déclassement de la location dans une catégorie inférieure ou même radier le logement de la liste des meublés.

La commission s'efforce en outre d'aboutir à un arrangement amiable entre les parties.

S'il s'agit d'un gîte rural, adressez-vous au relais départemental des gîtes de France qui tentera d'obtenir un accord amiable. Il fera ensuite l'objet d'un contrôle et sera le cas échéant radié de la liste des gîtes.

Si vous avez loué un meublé non classé, vous pouvez enfin vous adresser à la Direction départementale de la concurrence, de la consommation et de la répression des fraudes (DGCCRF). Celle-ci exercera un contrôle et s'il y a lieu dressera un procès-verbal qu'elle transmettra au procureur de la République. Attention : cette démarche ne permet ni d'aboutir à un arrangement amiable ni d'être indemnisé.

Si, malgré ces divers contacts, aucune solution n'a été dégagée, vous allez devoir faire valoir vos droits devant le tribunal.

La procédure devant le tribunal

Action pénale

Vous pouvez engager une action pénale en portant plainte soit auprès du commissariat ou de la gendarmerie, soit en écrivant au procureur de la République une lettre simple avec tous les justificatifs.

En effet, le fait de fournir des renseignements inexacts et non conformes à la réalité dans le descriptif est passible d'une peine d'amende, tout comme la non-délivrance de ce descriptif.

En outre, si l'annonce n'est pas conforme à la réalité, le locataire peut porter plainte pour publicité mensongère (article L. 121-1 et suivants du Code de la consommation) et le propriétaire est, là encore, passible de sanctions pénales.

> **Conseil**
>
> Si ces actions pénales sont possibles, elles ne sont guère indiquées car elles ont peu de chances d'être traitées prioritairement. Mieux vaut donc préférer l'action civile.

Comme cela a déjà été dit vous pouvez porter les dysfonctionnements à la connaissance de la DDCCRF.

Action civile

Vous pouvez engager une action civile devant le tribunal d'instance qui aboutira à l'annulation du contrat, à la restitution des sommes versées et même au versement de dommages et intérêts ou bien seulement à une diminution du loyer (sur la saisine du tribunal, voir ci-dessus).

Ce peut être le cas si :
- vous avez trouvé le logement très sale (un constat d'huissier est en pratique indispensable pour en rapporter la preuve) ;
- certaines des prestations sont absentes (piscine inutilisable, électroménager défectueux, etc.) ;
- le logement subit de fortes nuisances (proximité d'un chantier important par exemple).

Le cas d'un logement très sale

Les démarches sont les mêmes que précédemment, à ceci près que vous ne pouvez pas porter plainte. Il n'y a dans ce cas ni défaut de conformité, ni aucune infraction pénale particulière mais non-exécution de ses obligations par le propriétaire, ce qui vous permet seulement une action civile.

Le constat d'huissier est ici en pratique indispensable. Il est impératif de vous ménager la preuve indiscutable de l'état de saleté du logement. Vous pouvez également contacter le service d'hygiène de la commune.

Dans ce cas de figure, vous pourrez demander soit une diminution du loyer (si vous êtes malgré tout resté dans les lieux et si vous avez fait nettoyer le logement par une tierce personne, recueillez si possible son témoignage et conservez la facture correspondante), soit l'annulation du contrat, la restitution des sommes versées et des dommages et intérêts pour le préjudice subi.

L'état des lieux de sortie et le dépôt de garantie

● Locataire, vous avez quitté la location et remis les clés. Trois mois plus tard, le propriétaire ne vous a toujours pas restitué le dépôt de garantie

Si l'état des lieux de sortie ne mentionnait aucune dégradation à votre charge, le propriétaire doit vous restituer la totalité du dépôt de garantie. S'il n'est pas tenu de le faire le jour de votre départ, le délai recommandé de restitution du dépôt est de vingt jours (si le logement a été dégradé, le propriétaire doit pouvoir avoir le temps de fournir les justificatifs des retenues qu'il opère sur le dépôt de garantie).

Si ce remboursement tarde, vous devez en premier lieu envoyer une mise en demeure par lettre recommandée avec avis de réception.

À défaut de réponse, vous saisirez le tribunal d'instance (du lieu de situation du logement loué) pour obtenir ce remboursement. Vous pouvez saisir le tribunal ou bien utiliser la procédure d'injonction de payer comme nous vous l'avons déjà indiqué (voir le paragraphe « L'injonction de payer »).

La procédure d'injonction de payer

Vous devez retirer auprès du greffe du tribunal un formulaire de requête aux fins d'injonction de payer. Vous le renverrez dûment rempli au greffe, avec tous les documents justificatifs et un courrier d'accompagnement expliquant votre situation.

Au vu de votre requête, le tribunal rendra une ordonnance que vous ferez signifier par huissier à votre débiteur. Si dans le délai d'un mois de la signification, celui-ci n'a pas fait opposition, le tribunal apposera sur l'ordonnance la formule exécutoire, ce qui vous permettra de la faire exécuter, et notamment de procéder à des saisies par l'intermédiaire d'un huissier.

Si, en revanche, le débiteur fait opposition, vous serez convoqué à une audience du tribunal. Là encore, n'oubliez pas de transmettre vos pièces à votre adversaire avant l'audience. Après vous avoir entendu, le tribunal rendra son jugement que vous devrez faire exécuter par huissier.

Le locataire a détérioré des équipements électroménagers qu'il est nécessaire de remplacer et le dépôt de garantie ne suffit pas à compenser cette dépense

Pour poursuivre le locataire en paiement, certaines conditions doivent être remplies :

- il doit s'agir d'une véritable détérioration et non d'une panne due à la vétusté de l'appareil ;
- l'état des lieux de sortie doit mentionner cette dégradation (qui ne figurait pas, bien sûr, dans l'état des lieux d'entrée) ;
- vous devez justifier cette dépense par une facture ; en d'autres termes, il faut remplacer l'appareil et avancer les fonds.

Vous pourrez ensuite réclamer le montant de la facture auquel vous appliquerez un coefficient de vétusté pour tenir compte de l'usure de l'appareil. Par exemple, s'agissant d'un réfrigérateur ayant une durée de vie moyenne de dix ans et si son remplacement intervient au bout de cinq ans, il ne peut être réclamé au locataire que la moitié du prix de remplacement (cela correspond à un abattement de 10 % par an sur le prix).

Si après une, voire deux mises en demeure par lettre recommandée avec accusé de réception, le locataire ne vous a pas dédommagé, vous engagerez une action devant le tribunal d'instance soit en assignant directement le locataire devant le tribunal, soit en utilisant la procédure d'injonction de payer selon la procédure courante.

Les modèles de lettres

Lettre de réservation envoyée par le locataire

Madame, Monsieur,

Je fais suite par la présente à votre courrier en date du … J'ai pris note des conditions de la location et du descriptif du logement. Aussi, je vous confirme mon intention de louer votre logement situé … pour la période du … au …, pour le prix de … € comprenant le loyer et les charges forfaitaires (y compris la taxe de séjour pour tant de personnes).

Je vous prie de trouver, ci-joint, un chèque d'un montant de … représentant 25 % du prix de la location et versés à titre d'arrhes. Le solde vous sera remis, ainsi qu'un chèque de caution d'un montant de … €, lors de la remise des clés.

Je reprendrai contact avec vous une semaine avant le début de la location afin de convenir d'un rendez-vous pour mon arrivée, étant entendu que le logement n'est disponible qu'à partir de midi.

Vous souhaitant bonne réception de la présente, je vous prie de croire, Madame, Monsieur, à l'assurance de ma considération distinguée.

Lettre de désistement envoyée par le locataire

Lettre recommandée avec AR

Madame, Monsieur,

Par courrier en date du …, j'ai réservé la location de votre logement sis … pour la période du … au …. À ce titre, j'ai versé un chèque d'arrhes d'un montant de … €.

Malheureusement, de graves problèmes familiaux m'obligent à annuler la location. Compte tenu de la date de mon désistement qui vous laisse un délai important jusqu'à la date de la location, il vous est sans doute possible de retrouver de nouveaux locataires. Dans cette hypothèse, je vous serais reconnaissant de bien vouloir me restituer mes arrhes, déduction faite des frais occasionnés pour retrouver de nouveaux locataires.

Comptant sur votre compréhension, je vous remercie de me faire savoir si vous consentez à un tel arrangement.

Restant à votre disposition pour en discuter, je vous prie de croire, Madame, Monsieur, à l'assurance de ma considération distinguée.

☙ Mise en demeure dans le cas d'un logement non conforme

Lettre recommandée avec AR

Madame, Monsieur,

Vous n'avez pas donné suite à mon courrier en date du …, ce que je déplore vivement.

Je vous rappelle que le logement que je devais prendre en location sis … pour la période du … au … n'est pas conforme au descriptif que vous m'avez envoyé (à défaut de descriptif, cela peut être également l'annonce).

En effet, (énumérez avec précision les différences constatées) :

— …

— …

Afin de me ménager les preuves de la non-conformité du logement, j'ai fait établir, lors de mon arrivée, un constat d'huissier dont vous pouvez trouver ci-joint la copie (à défaut de constat d'huissier, faites des photos ou obtenez des témoignages de la part des voisins).

En conséquence, je vous mets, par la présente, en demeure de me faire parvenir mon chèque de réservation d'un montant de … le … (laissez un délai de huit jours environ) au plus tard. À défaut de règlement à cette date, je prendrai immédiatement les dispositions nécessaires afin de recouvrer ma créance dans les meilleurs délais, ce qui entraînera des frais à votre charge.

Je vous prie de croire, Madame, Monsieur, en l'assurance de ma considération distinguée.

Mise en demeure pour la restitution de sommes versées

Lettre recommandée avec AR

Madame, Monsieur,

Vous n'avez pas donné suite à notre courrier en date du … ce que nous déplorons vivement.

Nous vous rappelons que vous nous devez toujours la somme de … euros, représentant le montant … (indiquez s'il s'agit du dépôt de garantie ou du remboursement de réparations à la charge du locataire ou de toute autre somme restant due).

En conséquence, nous vous mettons en demeure par la présente de nous faire parvenir la somme de … euros, d'ici le … (laissez un délai de huit jours) au plus tard.

À défaut de règlement à cette date, nous prendrons immédiatement toutes les dispositions nécessaires afin de recouvrer notre créance dans les meilleurs délais, ce qui entraînera des frais à votre charge.

Je vous prie de croire, Madame, Monsieur, à l'assurance de ma considération distinguée.

Questions – réponses

Dois-je fournir un diagnostic de performance énergétique (DPE) à mes locataires ?

Depuis le 14 juillet 2010, la fourniture d'un diagnostic de performance énergétique (DPE) n'est plus obligatoire. Jugée trop lourde pour le bailleur, l'obligation a été supprimée par le législateur. En revanche, le propriétaire est tenu de fournir un constat des risques d'exposition au plomb (CREP) si le bâtiment a été construit avant le 1er janvier 1949 et un état des risques naturels et technologiques (ERNT).

Ai-je le droit d'interdire la présence d'animaux domestiques lors de la réservation ?

La Cour de cassation a considéré une telle clause comme abusive. Vous ne pouvez interdire la présence d'animaux domestiques dans la location. En revanche, ces animaux ne doivent pas causer de troubles anormaux au voisinage de la location. En cas de dégradations dues aux animaux et constatées dans l'état des lieux de sortie, vous pourrez retenir le montant des réparations sur le dépôt de garantie.

À quel moment le locataire doit-il verser une somme pour la réservation de la location ?

Avant la conclusion du contrat de location, le propriétaire fait parvenir au locataire potentiel un état descriptif des lieux loués, leur situation géographique et les conditions de la location (notamment le prix, dates et heures d'arrivée et de départ). Dans son courrier, le propriétaire précise également les modalités de réservation : il est d'usage de demander au preneur une lettre dans laquelle il formalise son engagement accompagnée d'un chèque représentant 25 % du montant du loyer. Il est possible pour le propriétaire non professionnel de demander plus de 25 %, notamment lorsque la réservation s'effectue quelques semaines avant le début de la location,

En retour, le propriétaire fait parvenir au locataire le contrat de location et les diagnostics annexés.

En cas de désistement du locataire deux semaines avant le début de la location, suis-je en droit de demander le paiement intégral du loyer prévu ?

Tout dépend de la qualification que les parties ont donnée à la somme versée par le locataire. Si ce sont des arrhes, les sommes versées lors de la réservation valent clause de dédit, c'est-à-dire qu'elles permettent au locataire de se désister en abandonnant ce qu'il a versé. Si c'est un acompte, cela signifie que la somme constitue seulement le premier versement du prix et le locataire est tenu de payer le solde du loyer.

Parfois, les modèles de contrats (celui du groupe De Particulier à Particulier par exemple) prévoient que les arrhes se transforment en acompte quelques semaines avant le début de la location afin de protéger le propriétaire contre les désistements de dernière minute.

La fiscalité des locations

Les loyers perçus par le propriétaire sont des revenus. Comme tout revenu, ils doivent être déclarés et sont imposés. Les revenus issus de la location vide et meublée connaissent un sort fiscal absolument différent. Les loyers perçus dans le cadre de la location vide sont imposés dans la catégorie des revenus fonciers, ceux issus de la location meublée sont imposés dans la catégorie des bénéfices industriels et commerciaux : les règles d'exonérations et d'abattements, les régimes d'imposition, le calcul des charges déductibles sont très différentes selon le type de location.

Il est inutile d'indiquer que cette seconde partie s'adresse principalement aux bailleurs. Ce sont eux, en effet, qui seront imposés en fonction des loyers qu'ils percevront de leur(s) location(s). Toutefois, les impôts locaux qui concernent le propriétaire mais aussi le locataire sont également traités en fin de partie.

Les locations vides : les revenus fonciers

Les personnes imposables

De manière générale, c'est le propriétaire qui est imposable sur ses revenus fonciers : cela ne pose aucun problème lorsque le propriétaire est une personne physique détenant le bien en pleine propriété. Les cas de propriété « partagée » méritent en revanche quelques développements.

L'usufruitier

L'usufruit est défini comme « le droit de jouir des choses dont un autre a la propriété... à charge d'en conserver la substance » (article 578 du Code civil).

L'usufruitier a l'usage du bien tandis que le nu-propriétaire n'a plus qu'un droit de propriété virtuel.

Sur le plan fiscal, deux situations peuvent se présenter :
- l'usufruitier occupe l'immeuble : il est dans la même situation que le propriétaire occupant son immeuble.
- l'immeuble est donné en location : l'usufruitier est alors imposable. Il peut déduire les charges qu'il a effectivement supportées dans les conditions prévues.

Les co-indivisaires

En cas d'indivision (suite à une succession ou à un achat en commun), chaque co-indivisaire est personnellement imposable pour la part du revenu foncier correspondant à sa quote-part dans l'indivision.

Les membres de société civile immobilière (SCI)

Les loyers perçus par une société civile immobilière sont imposés dans la catégorie des revenus fonciers. Sur le plan fiscal, les associés de ces sociétés sont dans la même situation que s'ils étaient propriétaires privatifs des locaux. Si les associés sont des personnes physiques, ils devront donc établir une déclaration de revenus fonciers à titre personnel, pour la part leur revenant dans les bénéfices de la société.

À savoir

Une SCI qui loue un logement meublé ou a comme associé une société commerciale peut être soumise à l'impôt sur les sociétés (IS).

Les non-résidents

Les personnes qui n'ont pas leur domicile fiscal en France mais qui y disposent de revenus locatifs sont théoriquement taxées en France à raison de ces revenus et ce, de manière forfaitaire. Toutefois, de très nombreuses conventions internationales bilatérales prévoient des dispositions spécifiques dont notamment l'imposition des revenus locatifs dans le pays de résidence.

À savoir

Si vous êtes domicilié hors de France mais disposez de revenus locatifs en France, vous dépendez du service des impôts des particuliers non-résidents, 10, rue du Centre, TSA 10010, 93465 Noisy-le-Grand Cedex. Mail : nonresidents@dgfip.finances.gouv.fr. Tél. : 01 57 33 83 00. Fax : 01 57 33 82 82.
Vous pouvez également vous renseigner auprès de la représentation française du pays où vous résidez.

Les locations concernées

Toutes les personnes physiques qui ont élu domicile en France sont soumises à l'impôt sur le revenu. Redevable de l'impôt à raison de ses revenus personnels, le contribuable l'est aussi de ceux de son conjoint. Une seule déclaration doit être souscrite pour l'ensemble des revenus perçus par les membres du foyer fiscal (enfants et personnes à charge).

- L'impôt sur le revenu frappe un revenu net : le revenu net imposable est constitué par l'excédent du produit brut après déduction de certaines dépenses.
- L'impôt sur le revenu frappe un revenu global : les revenus fonciers constituent l'une des huit catégories de revenus imposables à l'impôt sur le revenu. Une fois déterminé le revenu imposable dans cette catégorie, il devra être ajouté aux autres revenus du contribuable provenant d'une autre catégorie (traitements et salaires, bénéfices industriels et commerciaux, rémunérations d'associés, bénéfices d'exploitations agricoles, plus-values immobilières…) L'ensemble de ces revenus constitue le revenu global imposable à l'impôt sur le revenu.

La location de logements « vides » (non meublés)

Les loyers perçus dans le cadre de locations vides constituent toujours des revenus fonciers. Peu importe que les logements soient utilisés par le locataire à titre de résidence principale ou secondaire.

Attention ! en cas de sous-location, vous êtes imposé dans la catégorie des bénéfices non commerciaux.

La location de boxes ou d'emplacements de garage

Ces locations sont imposables dans la catégorie des revenus fonciers lorsqu'elles ne s'accompagnent d'aucun service ou prestation autre que le simple gardiennage.

La location d'immeubles à usage industriel ou commercial

Les revenus sont imposables dans la catégorie des revenus fonciers lorsque ces immeubles sont loués vides. Toutefois, ces loyers sont assimilés à des recettes commerciales soumises aux BIC lorsque la location ne peut pas être rattachée à la simple gestion d'un patrimoine immobilier mais relève d'une activité commerciale.

Il en est ainsi lorsque le fonds de commerce est loué équipé avec le matériel nécessaire à son exploitation. Cela recouvre également diverses situations dans lesquelles il apparaît que le propriétaire bailleur est intéressé directement ou indirectement à la gestion de la société locataire. Il en est l'associé, ou le loyer est indexé sur le chiffre d'affaires par exemple.

Les revenus exonérés

Les revenus (fictifs il est vrai !) des logements dont vous vous réservez la jouissance ne sont pas soumis à l'impôt sur le revenu. Corrélativement, vous ne pouvez déduire aucune des charges relatives à ces logements. Cette situation concerne :

- les logements que vous occupez vous-même ;
- les logements que vous mettez gratuitement à la disposition d'un tiers (un enfant par exemple).

Le revenu foncier imposable

Le revenu foncier imposable se calcule en deux temps :

- on détermine le revenu brut foncier, c'est-à-dire les sommes effectivement perçues par le bailleur au cours de l'année civile ;
- puis on déduit de ces revenus les sommes que le bailleur a dû prendre en charge dans le cadre de la location. Les charges déductibles peuvent faire l'objet d'un forfait ou être calculées au réel.

Les charges dites récupérables, c'est-à-dire celles remboursées chaque mois par le locataire sous forme de provisions, ne sont pas imposables et n'entrent donc pas dans le calcul du revenu brut foncier. En d'autres termes, on ne s'occupe pas des charges locatives.

Le revenu brut foncier est constitué par le montant des loyers hors charges que le bailleur a réellement perçu au cours d'une année civile. À cette somme, on ajoute :
- des sommes mises à la charge du locataire par convention (convention de travaux, taxe foncière) ;
- des recettes accessoires (revenus de la location du droit d'affichage, du droit de chasse ou de pêche) ;
- certaines recettes exceptionnelles (par exemple, les subventions de l'ANAH).

C'est du revenu brut ainsi déterminé qu'il faut déduire les charges pour parvenir au revenu net.

Loyers effectivement encaissés

Les loyers imposables sont ceux qui ont été effectivement encaissés au cours d'une année considérée, quelle que soit la période à laquelle ils se rapportent.

S'agissant des loyers impayés, les propriétaires n'ont pas à les déclarer. Cependant, ils doivent pouvoir justifier, le cas échéant, qu'ils ont entrepris les démarches nécessaires pour recouvrer les sommes dues (sommation ou commandement de payer par huissier, mise en jeu de la garantie des risques locatifs…).

Le loyer non effectivement perçu par le propriétaire doit être néanmoins déclaré, dès lors que le défaut de paiement ne résulte d'aucune circonstance indépendante de sa volonté.

Les loyers payés en avance ou en retard doivent être déclarés, même s'ils ne se rapportent pas à la période écoulée.

Dépôt de garantie

Le dépôt de garantie versé par le locataire au moment de son entrée dans les lieux n'est pas imposable lors de son encaissement par le pro-

165

priétaire mais il peut le devenir s'il sert à couvrir des loyers impayés ou des frais de remise en état des locaux après le départ du locataire.

Indemnités d'assurance

Certaines indemnités d'assurance perçues par le propriétaire doivent être déclarées. Il s'agit notamment :

- des indemnités perçues à la suite de dommages subis par l'immeuble ;
- des indemnités compensant les pertes de loyers lorsque le propriétaire a souscrit un contrat de garantie contre les loyers impayés (GLI) ou contre les risques locatifs (GRL).

Dépenses payées par le locataire pour le compte du propriétaire

Le propriétaire doit déclarer sous cette rubrique le montant des dépenses lui incombant normalement mais qui ont été payées directement par les locataires. Lorsqu'il est clairement stipulé dans le bail que de telles dépenses seront à la charge du locataire, le propriétaire devra les ajouter à ses recettes brutes.

De quoi s'agit-il ? De toutes les dépenses autres que les charges, réparations et taxes locatives telles que définies ci-dessus.

À savoir

Ce type de stipulation n'est possible que pour les contrats non soumis à la loi du 6 juillet 1989. Elle figure parfois dans les contrats de locaux commerciaux.

Recettes exceptionnelles

Les sommes perçues à titre de pas-de-porte ou droit d'entrée seront imposées comme revenus fonciers dans la mesure où elles n'ont pas pour objet de compenser une dépréciation des locaux loués. Elles constituent alors un simple supplément de loyer (cela concerne uniquement les baux commerciaux).

L'administration estime généralement que le droit d'entrée est assimilable à un supplément de loyer imposable pour le bailleur.

Il faut déterminer au cas par cas si l'indemnité perçue par le propriétaire a le caractère d'un supplément de loyer ou si elle constitue la contrepartie d'une dépréciation économique de l'immeuble donné à bail. Elle échappe, dans ce cas, à l'impôt sur le revenu mais le propriétaire doit être en mesure de prouver qu'il subit une dépréciation de la valeur de l'immeuble du fait de la mise en location (le bailleur exploite un fonds dans les locaux et se voit empêché de poursuivre son activité du fait de la location, par exemple).

Indemnité de déspécialisation

Lorsque le locataire d'un local commercial est autorisé à exercer dans les locaux loués une activité différente de celle prévue dans le bail, le changement d'activité permet au propriétaire de demander le paiement d'une indemnité de déspécialisation. Cette indemnité doit être comprise dans les revenus fonciers du bailleur.

Le micro-foncier : le régime forfaitaire

Lorsque le revenu brut foncier est inférieur à 15 000 euros, le contribuable est dispensé de souscrire une déclaration spécifique : il est soumis de plein droit, c'est-à-dire sans formalité particulière, au régime dit du « micro-foncier ». Le bailleur bénéficie alors d'un abattement de 30 % sur les loyers à déclarer, ce qui aboutit à n'imposer que 70 % des recettes.

Qui peut en bénéficier ?

Le régime du micro-foncier s'applique de plein droit aux propriétaires bailleurs dont les revenus bruts annuels n'excèdent pas 15 000 €. Autrement dit, il constitue le régime de droit commun. Il cesse donc de s'appliquer dès que le seuil de 15 000 € est dépassé ou, s'il n'est pas dépassé, lorsque vous optez pour le régime réel. Dans ces deux cas, vous devez obligatoirement souscrire une déclaration classique n° 2044 et déterminer vos revenus selon les règles du régime réel.

Le régime simplifié ne s'applique généralement pas dans le cadre de régimes spéciaux et notamment pour les locations de logements bénéficiant des dispositifs d'investissement locatifs tels que Borloo « ancien », Girardin (réductions d'impôts pour investissement locatif outre-mer), Scellier « intermédiaire » ou portant sur des monuments historiques.

Modalités de l'imposition

Le régime du micro-foncier s'applique de plein droit dès lors que le montant des loyers hors charges n'excède pas le seuil de **15 000 €**. Il suffit de reporter le montant de votre revenu brut foncier directement sur la déclaration d'ensemble des revenus (n° 2042). Vous bénéficiez d'un abattement forfaitaire de **30 %**, abattement qui est calculé directement par l'administration fiscale.

Toutefois, vous avez la possibilité de renoncer à ce régime simplifié et d'opter pour le régime réel des revenus fonciers. Cette option doit être exercée expressément par le bailleur lors du dépôt de sa déclaration et s'applique obligatoirement pour une durée irrévocable de trois ans.

Le régime réel d'imposition

Le régime réel d'imposition s'applique dans les hypothèses suivantes :

- vos revenus bruts annuels tirés de vos locations excèdent 15 000 € ;
- vous vous êtes engagé dans un dispositif d'investissement locatif qui exclut le micro-foncier ;
- vous avez choisi par option ce régime d'imposition.

Opter pour le régime réel

Pour choisir ce régime sur option, vous devez tout simplement remplir un imprimé spécifique, la déclaration n° 2044 ou n° 2044 spéciale, qui doit être annexée à la déclaration d'ensemble des revenus n° 2042. Notez que l'option pour le régime réel s'applique obligatoirement pour une durée irrévocable de trois ans. Au-delà de cette période, vous êtes considéré comme exerçant une option annuelle, et non plus triennale, pour ce régime (réponse ministérielle du 5 septembre 2006).

> **Exemple**
>
> Pour la déclaration de vos revenus fonciers 2010, effectuée en 2011, vous décidez d'opter pour le régime réel d'imposition en souscrivant une déclaration n° 2044. Votre option est alors valable pour l'imposition des revenus 2010 à 2012 (durée irrévocable de trois ans).
> Ensuite, vous pouvez continuer de souscrire une déclaration n° 2044. L'option est alors annuelle et s'applique aux revenus fonciers de l'année 2013.
> Toutefois, si cela est pour vous plus avantageux, vous pouvez de nouveau appliquer le régime micro-foncier à vos revenus fonciers de l'année 2014.

L'option pour le régime réel est globale et s'applique à l'ensemble des revenus fonciers réalisés par votre foyer fiscal. Ainsi, pendant la durée de l'option, aucune de vos locations vides ne peut continuer à relever du régime micro-foncier.

Le revenu net foncier

Le revenu net foncier est égal à la différence entre le montant du revenu brut et le total des charges de la propriété.

Aussi, une fois déterminé le montant de votre revenu foncier brut, vous allez opérer un certain nombre de déductions correspondant aux diverses charges ayant grevé votre propriété, afin d'obtenir votre résultat foncier net.

Pour être déduites du revenu brut, les charges doivent répondre à certaines conditions.

Les conditions de la déduction

Pour être déductibles, les charges doivent répondre à certaines conditions générales, applicables quelle que soit la catégorie de charges en cause :
- la dépense en question doit se rapporter à un bien vous procurant un revenu foncier, c'est-à-dire faisant l'objet d'un contrat de location. En conséquence, vous ne pouvez déduire une charge se rapportant à un logement vacant (parce que, par exemple, vous comptez le vendre dans quelques mois) ou un logement dont vous vous réservez la disposition, qu'il s'agisse de votre résidence principale ou secondaire ;
- la dépense doit être payée au cours de l'année pour être valablement déduite des revenus de l'année en question. Ainsi, vous déduisez de vos revenus fonciers 2010 les dépenses acquittées en 2010 ;
- ces dépenses doivent pouvoir être justifiées auprès de l'administration fiscale. Il est donc indispensable de conserver tous les documents relatifs à ces dépenses (factures, etc.).

> **À savoir**
>
> Si votre location est soumise à TVA, vos dépenses, tout comme vos revenus, doivent être déclarées hors TVA.

Les frais et charges déductibles

Ils sont répartis en plusieurs catégories : les dépenses d'amélioration, de réparation et d'entretien, les dépenses supportées pour le compte du locataire par le propriétaire dont celui-ci n'a pu obtenir le remboursement, les provisions pour charges de copropriété, les primes d'assurances, les frais de gestion, les intérêts d'emprunts, les impôts fonciers et les taxes annexes et enfin, sous certaines conditions, l'amortissement du prix de revient des logements neufs (article 31-I 1 du Code général des impôts).

La déduction forfaitaire

Depuis 2007 (imposition des revenus 2006), la déduction forfaitaire de 14 % ne s'applique plus. Elle était réputée couvrir les frais de gestion, les primes d'assurance et l'amortissement de vos logements.

À savoir

Cette suppression est largement compensée par une plus grande prise en compte des frais et charges que vous supportez réellement et par la suppression de la contribution sur les revenus locatifs (CRL).

Une déduction forfaitaire spécifique subsiste dans le cadre de certains dispositifs d'investissements locatifs.

Taux de certaines déductions spécifiques pour l'année 2011

Dispositif d'investissement locatif concerné	Taux de la déduction forfaitaire
Borloo « ancien » social et très social	60 %
Borloo « ancien » intermédiaire	30 %
Scellier « intermédiaire »	30 %
Scellier « ZRR »	26 %

Exemple

Logement mis en location en Borloo « ancien ».
Vous êtes propriétaire d'un logement que vous avez décidé de mettre en location vide dans le cadre du dispositif Borloo « ancien », en respectant des plafonds de loyers « intermédiaires ». Vous avez signé un contrat de bail le 1er février 2011.

171

Vous allez donc pouvoir bénéficier d'une déduction spécifique de 30 % sur vos loyers.

Si, en 2011, vous touchez 8 800 € de loyers et supportez 3 000 € de frais et charges (travaux, impôts, charges de copropriété, etc.), votre bénéfice foncier imposable sera de :

8 800 – (8 800 × 30 %) – 3 000 = 3 160 €.

Les dépenses de réparation et d'entretien, d'amélioration, de construction, de reconstruction et d'agrandissement

Les réparations et l'entretien

Sont visés les travaux ayant pour objet de maintenir ou de remettre l'immeuble en bon état, afin d'en permettre un usage normal, sans en modifier la consistance, l'agencement ou l'équipement.

À titre d'exemple, on peut citer : le ravalement de l'immeuble, le remplacement de la chaudière ou d'éléments de canalisations, la remise en état de la toiture, la réfection d'une installation électrique déjà existante, les dépenses liées à l'établissement des diagnostics, etc.

Ces dépenses sont déductibles, quelle que soit l'affectation des locaux (habitation, commerce, etc.).

À savoir

Les réparations locatives (telles que définies par le décret n° 87712 du 26 août 1987) sont en principe supportées directement par le locataire et donc non déductibles. Cependant, si elles sont prises en charge par le propriétaire, elles pourront être déduites dans l'un des trois cas suivants :
- elles sont rendues nécessaires par la vétusté ou la force majeure (par exemple, travaux de peinture effectués à la suite de la remise en état des conduits de fumée) ;
- elles sont engagées, avant l'installation d'un locataire, en vue de faciliter la location ;
- le contrat de location prévoit expressément la prise en charge de ces dépenses par le propriétaire.

Les travaux d'amélioration

Ce sont ceux qui ont pour objet d'apporter au logement un équipement ou un élément de confort nouveau ou mieux adapté aux conditions modernes de vie, sans modifier la structure de l'immeuble.

172

Il s'agira par exemple de l'installation d'un ascenseur ou d'une antenne collective de télévision, de travaux de raccordement au réseau d'assainissement ou bien encore de travaux d'aération des pièces d'eau.

Ces travaux sont déductibles s'il s'agit d'un local affecté à l'habitation. En revanche, pour les locaux commerciaux ou professionnels, les travaux d'amélioration ne sont pas déductibles, sauf s'ils ont pour objet de faciliter l'accueil des handicapés.

Les travaux de construction, de reconstruction ou d'agrandissement
Sont considérés comme tels les travaux ayant pour effet d'apporter une modification principale au gros œuvre, les travaux d'aménagement interne qui, par leur importance, équivalent à une reconstruction, et les travaux d'agrandissement qui augmentent le volume ou la surface habitable des locaux existants.

Ces travaux ne sont jamais déductibles, quelle que soit l'affectation des locaux. Ainsi, des travaux effectués dans un local commercial et ayant pour objet une redistribution de ces locaux par une modification des cloisonnements intérieurs ainsi que le remplacement des installations de chauffage, d'électricité et de téléphone ne sont pas déductibles.

Il en va de même des travaux d'aménagement à usage d'habitation de locaux précédemment affectés à un autre usage.

À savoir

Les travaux de démolition ne sont jamais déductibles.

Les provisions pour charges de copropriété
Cette déduction ne concerne que les bailleurs de locaux en copropriété. Les syndics arrêtent les comptes une fois par an seulement. En pratique, les copropriétaires versent chaque trimestre une provision dont le montant est fixé en fonction du budget prévisionnel voté en assemblée générale. Ces provisions sont ensuite régularisées en fonction des charges réelles. Les copropriétaires bailleurs ne peuvent donc plus, au moment de la déclaration des revenus fonciers, déduire les charges réelles de copropriété de l'année précédente.

En pratique, les provisions pour charges de copropriété sont déductibles immédiatement l'année de leur versement au syndic, puis font l'objet l'année suivante, une fois la ventilation des charges définitivement arrêtée, d'une régularisation obligatoire.

Par conséquent, le contribuable doit d'une part, déduire les provisions de charges payées l'année précédente (soit en **2011**, les provisions **2010**) et d'autre part, réintégrer les charges non déductibles de **2009** dont l'arrêté est intervenu en **2010**.

> **Exemple**
>
> Propriétaire bailleur, vous avez, en 2009, payé 1 200 € de provisions pour charges de copropriété, et en 2010, 1 300 €.
> Par ailleurs, l'arrêté des comptes de la copropriété pour l'année 2009 (effectué en 2010) fait apparaître la ventilation suivante :
> - 800 € de dépenses déductibles ;
> - 200 € de dépenses non déductibles ;
> - 180 € de dépenses récupérables sur le locataire ;
> - 20 € de solde positif.
> Sur un total de 1 200 € de provisions versées en 2009, l'arrêté fait donc apparaître une somme de 400 € qui n'est pas déductible. Cette somme doit donc être « régularisée », c'est-à-dire réintégrée pour être imposée. En conséquence, dans votre déclaration des revenus fonciers de 2010, établie en 2011 :
> - d'une part, vous déduisez 1 300 € de votre revenu brut foncier au titre des provisions pour charges de copropriété ;
> - d'autre part, vous réintégrez 400 € dans votre revenu imposable.

Les primes d'assurance

Quel que soit le risque couvert, les primes d'assurance afférentes aux biens loués sont déductibles pour leur montant réel. Cela concerne donc :

- les primes versées dans le cadre de la garantie des risques locatifs (GRL) ;
- les primes versées dans le cadre de la garantie contre les loyers impayés (GLI) ;
- les primes d'assurance « propriétaire non occupant ».

174

Les frais d'administration et de gestion

Sont déductibles du revenu foncier pour leur montant réel les frais d'administration et de gestion lorsque ces dépenses sont effectivement supportées par le propriétaire Cela comprend :

- la rémunération des gardiens et concierges. Il s'agit des salaires des gardiens, des charges sociales et fiscales correspondantes, ainsi que les dépenses que vous supportez en raison d'avantages en nature fournis (eau, électricité, chauffage) ;
- les frais de gérance. Il s'agit des rémunérations (honoraires, salaires et charges annexes telles que charges sociales) versées aux personnes (gérants d'immeubles ou administrateurs de biens) qui s'occupent de la gestion de votre bien. Le syndic administre la copropriété pour le compte des propriétaires. Ses honoraires sont donc également déductibles des revenus fonciers ;
- les frais de procédure. Vous pouvez déduire de vos revenus fonciers les sommes que vous avez supportées à l'occasion d'un litige relatif au logement loué. Il s'agit notamment des sommes exposées :
  - pour le règlement de différends, soit avec votre locataire (paiement de loyers, fixation ou révision des loyers, non-observation des clauses du contrat), soit avec un entrepreneur ou prestataire (instance contre l'entrepreneur qui a construit l'immeuble ou réalisé des travaux) ;
  - pour le règlement de litiges portant sur la propriété du logement donné en location (limite de propriété, etc.).

Les frais concernés sont les honoraires versés, notamment, à un notaire, un avocat, un huissier ou un expert ainsi que les autres frais de procédure.

Les impôts et taxes

Les impositions relatives au logement loué et à la charge du propriétaire sont déductibles du revenu brut foncier. Peuvent ainsi être déduites :

- la taxe foncière ;
- la taxe spéciale d'équipement ;
- la taxe annuelle sur les bureaux en Île-de-France ;

- les pénalités pour défaut ou retard de paiement ;
- la contribution sur les revenus locatifs.

En revanche, la contribution sociale généralisée (CSG), la contribution au remboursement de la dette sociale (CRDS), applicables sur le revenu net foncier, ne sont pas déductibles.

Les intérêts d'emprunt

Vous pouvez déduire les intérêts des emprunts que vous avez contractés pour l'acquisition, la construction, la réparation, l'amélioration ou la conservation (par exemple pour payer des droits de succession) du logement loué.

La déduction porte non seulement sur les intérêts mais également sur les frais d'emprunt tels que les frais de constitution de dossier, d'inscriptions hypothécaires, etc.

À savoir

Le montant et la durée de la déduction ne sont pas plafonnés !

Les charges récupérables non récupérées

Les dépenses locatives acquittées par le bailleur pour le compte du locataire ne peuvent en principe constituer une charge déductible.

Cependant, afin de ne pas être pénalisé, le bailleur peut déduire de ses revenus fonciers le montant des dépenses qu'il a supportées pour le compte du locataire et dont il n'a pu obtenir le remboursement, au 31 décembre de l'année du départ du locataire. Cette déduction s'applique par exemple lorsque le locataire n'acquitte pas ses deux derniers mois de charges pour « récupérer » sa caution ou s'il n'a pas pourvu à l'entretien courant et aux menues réparations afférentes au logement.

Les indemnités d'éviction

Il arrive parfois qu'un propriétaire obtienne le départ de son locataire, moyennant finance, et lui verse une indemnité d'éviction. La question est de savoir si cette indemnité est déductible.

Il n'y a pas de règle claire et précise sur ce point ; l'administration décide au cas par cas en fonction des circonstances si l'indemnité peut être déduite. Une tendance semble néanmoins se dégager : l'indemnité d'éviction versée à un locataire est déductible lorsqu'elle ressort d'une gestion normale et qu'elle est engagée uniquement en vue de la conservation du revenu. En revanche, elle n'est pas déductible lorsqu'elle est versée dans une intention spéculative.

Ainsi, la déduction n'est pas admise lorsque le versement de l'indemnité n'a pour effet que de permettre la vente de l'immeuble à un prix plus élevé.

De même, l'indemnité d'éviction versée à un locataire commerçant ne constitue pas une charge déductible du revenu foncier.

En revanche, elle peut être déduite lorsque son versement permet de libérer l'immeuble en vue de le relouer dans de meilleures conditions.

Les frais de relogement

Les frais de relogement temporaire pendant des travaux réalisés en cours de bail sont déductibles s'ils relèvent d'une gestion normale.

Bénéfices ou déficit foncier

Ces déductions sont effectuées immeuble par immeuble, et ce pour chaque catégorie de biens (logements dont vous êtes directement propriétaire, parts de sociétés immobilières, immeubles classés ou monuments historiques, logements faisant l'objet d'un dispositif d'investissement locatif). Tous ces calculs sont inscrits sur votre déclaration de revenus fonciers n° 2044.

Vous obtenez alors, pour chaque catégorie de biens, votre revenu net foncier.

L'addition de ces résultats vous donne votre résultat foncier global annuel.

Il peut être positif, on parle alors de bénéfice foncier ou bien négatif, vous êtes en déficit.

177

- S'il est positif et que vous n'avez aucun déficit d'années antérieures à déduire (voir ci-dessous), le montant du revenu est à reporter sur la déclaration générale d'impôts sur le revenu n° 2042.
- S'il est négatif, vous devez procéder à l'imputation de ce déficit à l'aide de la fiche de calcul de répartition figurant sur la dernière page de votre déclaration n° 2044. Le déficit foncier fait donc l'objet de règles d'imputation particulières.

Les dispositifs d'investissement locatif

Périssol, Besson, Lienemann, Robien, Borloo, Scellier : afin d'augmenter le nombre et la qualité des logements d'habitation mis sur le marché, les dispositifs d'incitation fiscale à l'investissement locatif dans l'ancien, l'ancien réhabilité et surtout le neuf se succèdent depuis maintenant plus d'une décennie.

Le principe de ces régimes spéciaux est toujours le même : octroyer aux bailleurs des avantages fiscaux en contrepartie d'un engagement de louer le logement vide, à usage de résidence principale, pendant une durée minimale, tout en respectant des plafonds de loyers et parfois de ressources des locataires.

Lorsqu'un dispositif prend fin, cela signifie que tout nouvel engagement de location s'y rapportant devient impossible. En revanche, pour les baux en cours, le dispositif perdure bien évidemment aux mêmes conditions pour le temps restant à courir.

Depuis l'imposition des revenus 2009, il est instauré un plafonnement global de l'avantage fiscal procuré par certains mécanismes de réduction ou de crédit d'impôt. Sont concernés par ce plafonnement beaucoup d'incitations à l'investissement locatif et notamment les dispositifs Borloo « neuf », Scellier, Malraux ou Girardin.

En théorie, l'avantage fiscal procuré par un dispositif d'investissement locatif peut se voir limité sous l'effet du plafonnement global. Cela est toutefois très rarement le cas compte tenu des seuils retenus. Vous bénéficierez donc le plus souvent à plein des avantages octroyés.

178

Le montant du plafond, initialement fixé à 25 000 € + 10 % du revenu imposable du foyer fiscal pour les revenus 2009, a été abaissé à deux reprises :

- 20 000 € auxquels s'ajoutent 8 % du revenu imposable à compter de l'imposition des revenus de 2010 ;
- 18 000 € auxquels s'ajoutent 6 % du revenu imposable à compter de l'imposition des revenus de 2011.

Exemples pour l'année 2011

- pour un contribuable disposant d'un revenu imposable de 50 000 €, le plafond global est de 21 000 € (18 000 + 6 % de 50 000) ;
- pour un contribuable disposant d'un revenu imposable de 150 000 €, le plafond global est de 27 000 € (18 000 + 6 % de 150 000).

À savoir

Les investissements réalisés en 2009 et 2010 continuent de bénéficier du montant du plafonnement qui existait chacune de ces deux années ; seuls les investissements réalisés à compter du 1er janvier 2011 relèvent du nouveau montant du plafonnement (18 000 € + 6 % du revenu imposable).

L'investissement locatif dans l'ancien

Le dispositif Borloo « ancien »

La location

Pour bénéficier du dispositif, vous devez louer le logement vide à usage de résidence principale du locataire (loi du 6 juillet 1989) pendant une durée minimale de six ans (neuf ans lorsque des travaux sont subventionnés par l'ANAH) tout en respectant des plafonds de loyers et de ressources des locataires.

Le Borloo « ancien » se décline en trois dispositifs dits « intermédiaire », « social » et « très social ». Selon le choix opéré, les plafonds de loyers sont plus ou moins proches des prix du marché et les plafonds de ressources des locataires plus ou moins hauts.

À titre d'illustration, pour l'année 2011, le plafond mensuel par mètre carré de loyer hors charges ne doit pas dépasser en zone A :
- 17,47 € dans le cadre du conventionnement intermédiaire (plafond identique au dispositif Besson) ;
- 6,30 € dans le cadre du conventionnement social ;
- 5,96 € dans le cadre du conventionnement très social.

À savoir

Depuis juillet 2008, les plafonds de loyer sont fixés par départements et sont le plus souvent inférieurs aux plafonds nationaux qui ne servent que de cadre légal. Pour connaître les plafonds qui vous concernent, il vous faut consulter, avant toute mise en location, la délégation locale de l'ANAH au 0 820 15 15 15 – www.anah.fr.

Le conventionnement ANAH

Pour bénéficier du dispositif Borloo « ancien », le propriétaire doit signer une convention avec l'Agence nationale pour l'amélioration de l'habitat (ANAH), représentée par son délégué local. Ce document fixe les conditions et modalités de la location qui doivent être impérativement respectées (par exemple, le logement doit être décent lors de la mise en location).

Dans un souci de simplification, depuis le 28 mars 2009, le propriétaire bailleur peut signer le contrat de location avant la convention avec l'ANAH. Rappelons qu'auparavant, il devait signer la convention préalablement et disposait d'un délai de six mois pour signer le contrat de location.

Il est même désormais possible, en accord avec le locataire, de renouveler le contrat de location avant l'échéance en cours lorsque le propriétaire effectue des travaux de mise aux normes. Il s'agit d'une souplesse visant à favoriser la mise à niveau du parc locatif ancien au regard des règles de décence, de confort et d'habitabilité.

Conseil

Pour plus de détails, et notamment pour prendre connaissance des modèles types de conventions, vous pouvez consulter l'ANAH (0 820 15 15 15 et www.anah.fr).

L'avantage fiscal

Les conditions ci-dessus remplies, vous bénéficiez, dans le cadre du régime réel, d'une déduction forfaitaire spécifique applicable sur les loyers perçus. Le taux de cette déduction est de :
- 30 % dans le cadre du conventionnement intermédiaire ;
- 60 % dans le cadre du conventionnement social ou très social.

Il s'agit là d'un avantage fiscal très conséquent puisque, rappelons-le, la déduction forfaitaire a maintenant totalement disparu du régime réel de droit commun.

Le taux de la déduction peut même être porté à 70 % lorsque le logement est loué à un organisme public ou privé, soit en vue de sa sous-location, meublée ou non, à des personnes en difficulté (par exemple ceux dont la situation nécessite une solution locative de transition), soit en vue de l'hébergement de ces mêmes personnes. Ce taux peut notamment bénéficier à ceux qui s'engagent dans les dispositifs de location solidaire Solibail (www.solibail.fr) et Louez solidaire (www.paris.fr).

À savoir

Le dispositif Borloo « ancien » s'adresse théoriquement tant aux propriétaires de logements anciens qu'à ceux de logements neufs. Néanmoins, l'option pour le Borloo « ancien » pour des logements neufs reste extrêmement marginale en raison de l'existence du dispositif Scellier spécialement destiné aux logements neufs et fiscalement attractifs.

La réduction Malraux

La réduction d'impôt Malraux a pour objet la protection du patrimoine historique et esthétique de la France. Pour ce faire, elle favorise la restauration immobilière, c'est-à-dire la rénovation et la mise en valeur d'immeubles anciens constituant notre patrimoine architectural.

Les logements doivent être situés :
- soit dans un secteur sauvegardé qui peut être créé lorsqu'il présente un caractère historique, esthétique ou de nature à justifier la conservation, la restauration et la mise en valeur de tout ou partie d'un ensemble d'immeubles bâtis ou non ;

- soit dans une zone de protection du patrimoine architectural, urbain et paysager (ZPPAUP) qui peut être instituée autour des monuments historiques et dans les quartiers, sites et espaces à protéger ou à mettre en valeur pour des motifs d'ordre esthétique, historique ou culturel ou dans une aire de mise en valeur de l'architecture et du patrimoine (AVAP) qui a pour objet de promouvoir la mise en valeur du patrimoine bâti et des espaces dans le respect du développement durable ;
- soit dans un « quartier ancien dégradé » lorsque la restauration a été déclarée d'utilité publique. Un quartier ancien dégradé présente soit une concentration élevée d'habitat indigne et une situation économique et sociale des habitants particulièrement difficile, soit une part élevée d'habitat dégradé vacant et un déséquilibre important entre l'offre et la demande de logements (la liste des quartiers anciens dégradés est fixée par le décret n° 2009-1780 du 31 décembre 2009).

Les travaux doivent aboutir à la restauration complète du bâtiment.

La location

Vous devez louer le logement vide à usage de résidence principale du locataire (loi du 6 juillet 1989) pendant au moins neuf ans.

L'avantage fiscal

La base de la réduction d'impôt est constituée par le montant des dépenses suivantes :
- les dépenses de réparation et d'entretien ;
- les dépenses d'amélioration ;
- les primes d'assurance ;
- la taxe foncière ;
- les frais de gestion ;
- la fraction des provisions pour dépenses de travaux de copropriété versée et effectivement employée par le syndic ;

S'y ajoutent le cas échéant :
- les frais d'adhésion à une association foncière urbaine de restauration ;
- les travaux imposés ou autorisés par l'administration avec l'accord de l'architecte des Bâtiments de France.

Le montant de la réduction d'impôt, qui varie selon la zone où se situe le logement, est de :

- 27 % du montant des dépenses susvisées dans la limite annuelle de 100 000 €, soit une réduction d'impôt maximale annuelle de 27 000 €, lorsque le logement se situe dans une ZPPAUP ou une AVAP ;
- 36 % du montant des dépenses susvisées dans la limite annuelle de 100 000 €, soit une réduction d'impôt maximale annuelle de 36 000 € lorsque le logement se situe dans un secteur sauvegardé ou dans un quartier ancien dégradé.

La réduction d'impôt s'appliquant au titre de l'année de délivrance du permis de construire (ou de celle de l'expiration du délai d'opposition à la déclaration préalable) et jusqu'au 31 décembre de la troisième année suivante, l'avantage fiscal peut atteindre sur quatre années :

- (27 000 × 4) = 108 000 € de réduction d'impôt lorsque le logement se situe dans une ZPPAUP ou une AVAP ;
- (36 000 × 4) = 144 000 € de réduction d'impôt lorsque le logement se situe dans un secteur sauvegardé ou dans un quartier ancien dégradé.

À savoir

Les opérations de restauration immobilière, pour lesquelles une demande de permis de construire ou une déclaration préalable a été déposée avant le 1er janvier 2009, continuent de relever de l'ancien dispositif « Malraux » qui prend la forme d'un régime dérogatoire d'imputation des déficits. Les propriétaires bailleurs sont ainsi autorisés à déduire de leurs revenus fonciers la totalité des travaux réalisés, puis à déduire de leur revenu global l'éventuel déficit foncier (hors intérêts d'emprunt) et ce, sans limitation de montant.

L'investissement locatif dans le neuf

Dans le neuf, vous disposez essentiellement du dispositif de réduction d'impôt Scellier.

À côté de ce dispositif national, il existe une autre incitation beaucoup plus ciblée : l'investissement locatif outre-mer (« Girardin »).

Deux dispositifs ont pris fin au 31 décembre 2010 :
- l'investissement locatif dans le secteur touristique (« Demessine »). Le secteur touristique n'est toutefois pas abandonné puisqu'il est possible d'y investir en meublé dans le cadre de la loi dite « Bouvard » (voir le paragraphe « La loi Bouvard : une réduction d'impôt pour investissement dans les résidences services ») ;
- l'investissement locatif dans une résidence hôtelière à vocation sociale.

Depuis le 1er janvier 2011 il n'est donc plus possible d'opter pour ces investissements locatifs qui demeurent toutefois aux mêmes conditions et, pour le temps restant à courir, au bénéfice de ceux qui ont investi avant leur suppression.

● Les réductions d'impôt Scellier : Scellier « intermédiaire » et Scellier « outre-mer »

Un dispositif d'incitation à l'investissement locatif existe pour les opérations réalisées depuis le 1er janvier 2009 jusqu'au 31 décembre 2012 : le Scellier (parfois appelé Scellier-Carrez). Il concerne les logements (appartements et maisons individuelles) neufs et plus précisément :
- les logements achetés sur plans ;
- les logements achevés, mais non encore habités ;
- les logements ayant subi de la part du vendeur une « réhabilitation » lourde ;
- les locaux transformés en logements ;
- les logements que vous faites construire ;
- les logements acquis en vue d'être réhabilités ;
- les locaux acquis inachevés en vue de leur achèvement par le contribuable.

Pour les permis de construire déposés à compter du 1er janvier 2010, le bénéfice de l'avantage fiscal est conditionné par le respect des normes en vigueur relatives aux caractéristiques thermiques et à la performance énergétique (actuellement la « RT 2005 »). Un décret à paraître doit déterminer les modalités de justification de cette condition. D'ici là, la preuve peut être apportée par tous moyens (par exemple par la production de la synthèse d'étude thermique standardisée RT 2005).

Une exception : les locaux que vous transformez en logements ne sont pas concernés par l'éco-conditionnalité.

L'avantage fiscal prend la forme d'une réduction d'impôt.

Le dispositif de réduction d'impôt Scellier se décline en deux versions dont l'une a une vocation « sociale » : on parle de Scellier « intermédiaire ». En outre, le dispositif Scellier se voit aménagé dans un sens plus favorable pour les investissements réalisés outre-mer.

Attention ! dans le cadre de la défiscalisation Scellier, il n'est possible d'investir que dans les zones A bis, A, B1, B2 : la zone C (les communes les moins peuplées et où le marché est le moins tendu) est en principe exclue du dispositif. Toutefois, la loi prévoit la possibilité d'investir en zone C si la situation locale du marché le justifie. Cette possibilité de zonage dérogatoire est soumise à un agrément qui prend la forme d'un arrêté ministériel publié au *JO*.

> **Conseil**
>
> Pour prendre connaissance du zonage complet et ainsi penser au mieux votre investissement, vous pouvez consulter les sites Internet www.pap.fr et www.immoneuf.com.

La réduction d'impôt Scellier

La location

Vous devez louer le logement vide à usage de résidence principale du locataire (loi du 6 juillet 1989) pendant au moins neuf ans en respectant des plafonds de loyer représentant environ 90 % des prix du marché. Le loyer est en effet plafonné en fonction de la situation géographique du logement (le territoire est divisé en 5 zones). Notez que les plafonds mensuels de loyer varient selon que l'investissement a été réalisé avant ou après le 1er janvier 2011. L'ensemble des plafonds de loyer est fixé par le *Bulletin officiel des impôts* n° 24 du 22 mars 2011 (disponible sur www.impots.gouv.fr).

185

L'avantage fiscal

L'avantage fiscal prend la forme d'une réduction d'impôt dont le taux varie selon le niveau de performance énergétique du logement. Cette distinction, applicable depuis le 1er janvier 2011, trouve sa justification dans la volonté du législateur de « verdir » le dispositif pour inciter les particuliers à acheter des logements écologiquement vertueux.

- Pour les logements respectant la réglementation thermique en vigueur

  Le taux de la réduction d'impôt est égal à 13 % du prix de revient pour les investissements réalisés en 2011, puis à 9 % pour ceux réalisés en 2012.

- Pour les logements BBC (Bâtiment Basse Consommation)

  Le taux de la réduction d'impôt est égal à 22 % du prix de revient pour les investissements réalisés en 2011, puis à 18 % pour ceux réalisés en 2012.

  Pour bénéficier de ce taux majoré, le logement doit présenter un niveau de performance énergétique globale supérieur à celui imposé par la législation en vigueur. En pratique, le logement doit disposer du label « bâtiment basse consommation énergétique 2005 » (BBC 2005).

À l'heure où nous mettons cet ouvrage sous presse, le gouvernement a annoncé que le dispositif Scellier devrait subir un nouveau « coup de rabot » de 10 % pour les investissements réalisés à compter du 1er janvier 2012. Cette mesure porterait le taux de la réduction d'impôt à 16 % (au lieu de 18 %) pour les logements BBC et à 8 % (au lieu de 9 %) pour les autres logements.

Quelle que soit la performance énergétique du logement, le prix de revient est toujours pris en compte dans la limite de 300 000 € par investissement. La réduction est étalée sur neuf ans, par neuvièmes.

Si le montant d'impôt est insuffisant pour absorber la réduction d'impôt, le solde est reporté sur l'impôt sur le revenu des six années suivantes.

La réduction d'impôt est limitée à un seul logement par an : vous ne pouvez donc bénéficier du dispositif Scellier pour deux logements neufs acquis la même année. En revanche, l'acquisition de plusieurs logements, lors d'années distinctes, est parfaitement possible : dans cette hypothèse, les réductions d'impôt se cumulent ! (Voir le second exemple.)

Exemple 1

Vous achetez en 2011 un logement neuf (non BBC) d'une valeur de 400 000 €. La réduction d'impôt s'élève à : 300 000 × 13 % = 39 000 €. Elle est étalée sur neuf ans, à raison de 4 333 € par an, au titre de l'impôt sur le revenu des années 2011 à 2019.

Exemple 2

Début 2011, vous achetez sur plans un logement neuf (non BBC) d'une valeur de 400 000 €. La réduction d'impôt s'élève à : 300 000 × 13 % = 39 000 €. Le logement est achevé début 2012.
En 2012, vous achetez un appartement neuf (BBC) d'une valeur de 200 000 €. La réduction d'impôt s'élève à : 200 000 × 18 % = 36 000 €
La réduction d'impôt totale est de 39 000 + 36 000 = 75 000 €. Elle est étalée sur neuf ans, à raison de 8 333 € par an, au titre de l'impôt sur le revenu des années 2012 à 2020.

Lorsque le logement loué se situe dans une zone de revitalisation rurale (ZRR) et que vous optez pour le dispositif Scellier, vous bénéficiez d'une déduction forfaitaire de 26 %, en sus de la réduction d'impôt. Rappelons que les ZRR sont des zones caractérisées :
- soit par une très faible densité de population ;
- soit par une faible densité de population et par l'un des trois critères socio-économiques suivants : déclin de la population, déclin de la population active ou forte proportion d'emplois agricoles.

La liste complète des communes concernées a été fixée par un arrêté du 9 avril 2009 (*Journal officiel* du 11 avril 2009) et par le *Bulletin officiel des impôts* n° 63 du 6 avril 2006.

La réduction d'impôt Scellier « intermédiaire »

La location
Vous devez louer le logement vide à usage de résidence principale du locataire (loi du 6 juillet 1989) pendant au moins neuf ans en respectant

des plafonds de loyer représentant environ 70 % des prix du marché (donc plus bas qu'en Scellier). Le loyer est plafonné en fonction de la situation géographique du logement (le territoire est divisé en 5 zones).

Vous devez en outre respecter des plafonds de ressources des locataires. En effet, le Scellier « intermédiaire » a une vocation sociale puisqu'il a pour but de favoriser l'accès au logement des personnes aux ressources intermédiaires.

Notez que les plafonds mensuels de loyers varient selon que l'investissement a été réalisé avant ou après le 1ᵉʳ janvier 2011. L'ensemble des plafonds de loyers et de ressources des locataires est fixé par le *Bulletin officiel des impôts* n° 24 du 22 mars 2011 (disponible sur www.impots.gouv.fr).

En contrepartie, vous bénéficiez d'un avantage fiscal plus intéressant.

L'avantage fiscal

L'avantage fiscal est double :

- une réduction d'impôts dont le fonctionnement est identique à celle du dispositif Scellier (voir ci-dessus) mais qui peut être prorogée (l'avantage fiscal est en outre amélioré pour les investissements outre-mer : voir le paragraphe suivant) ;
- à laquelle s'ajoute une déduction forfaitaire spécifique de 30 % sur le montant des loyers. C'est un avantage très important puisque, rappelons-le, dans le régime de droit commun, aucune déduction forfaitaire n'est possible.

Si les conditions de location restent respectées à l'issue des neuf ans, l'avantage fiscal peut être prorogé de six ans au maximum par périodes de trois ans. Dans ce cas, le contribuable bénéficie d'une réduction d'impôt de 5 % du prix de revient par périodes triennales (soit une réduction d'impôt annuelle de 5 %/3), en sus de la déduction forfaitaire de 30 % sur les loyers. La réduction d'impôt atteint donc au final, pour un investissement réalisé en 2011, 32 % du prix de revient sur quinze ans pour un logement BBC et 23 % si le logement est non BBC.

Comme en Scellier, la réduction d'impôt est limitée à un seul logement par an : vous ne pouvez donc bénéficier du dispositif Scellier « intermédiaire » pour deux logements neufs acquis la même année.

En revanche, l'acquisition de plusieurs logements, lors d'années distinctes, est parfaitement possible : dans cette hypothèse, les réductions d'impôt se cumulent !

La réduction d'impôt Scellier « outre-mer »

Afin de relancer l'effort de construction outre-mer, les dispositifs Scellier et Scellier « intermédiaire » sont adaptés dans un sens plus favorable : le dispositif est étendu géographiquement, prolongé dans le temps (si, en métropole, le dispositif doit s'éteindre le 31 décembre 2012, il est prolongé outre-mer jusqu'au 31 décembre 2017) et surtout, l'avantage fiscal y est augmenté de plus de 60 % par rapport à la métropole !

Initialement réservée aux seuls départements d'outre-mer (Dom) (la Guadeloupe, la Martinique, la Guyane, la Réunion), la réduction d'impôt Scellier est depuis le 27 mai 2009 étendue aux collectivités d'outre-mer (Com) : Mayotte, Saint-Barthélemy, Saint-Martin, Saint-Pierre-et-Miquelon, la Nouvelle-Calédonie, la Polynésie française et les îles Wallis-et-Futuna.

Le Scellier « outre-mer » (on rencontre également l'appellation Scellier « Dom-Com ») apparaît donc comme un outil de défiscalisation tout particulièrement attractif et comme une alternative avantageuse au dispositif Girardin (voir ci-après).

Le dispositif Scellier « Dom-Com » résulte de la loi n° 2009-594 du 27 mai 2009 pour le développement économique des outre-mer (*JO* du 28 mai), dite loi « Lodeom ».

La location

Comme en métropole, vous devez louer le logement vide à usage de résidence principale du locataire (loi du 6 juillet 1989) pendant au moins neuf ans en respectant des plafonds de loyer.

Vous devez, en outre, respecter des plafonds de ressources des locataires et des plafonds de loyer plus bas lorsque vous optez pour le Scellier « outre-mer intermédiaire » qui a une vocation plus sociale.

Pour les investissements réalisés en 2011 en Nouvelle-Calédonie, en Polynésie française et dans les îles Wallis-et-Futuna, la durée minimale de location est toutefois ramenée de neuf à cinq ans.

Les plafonds de loyer et de ressources sont différents de ceux fixés pour la métropole et ce, pour mieux tenir compte des réalités locales (décret 2009-1672 du 28 décembre 2009, *JO* du 30 et *Bulletin officiel des impôts* n° 24 du 22 mars 2011).

L'avantage fiscal

L'avantage fiscal prend la même forme qu'en métropole (une réduction d'impôt) mais est fortement majoré :

- le taux de la réduction d'impôt est porté à 36 % (contre 22 % maximum en métropole), toujours dans la limite de 300 000 €, pour les investissements réalisés en 2011, puis à 31 % (contre 18 % maximum en métropole) pour les années 2012 et 2013 : la réduction d'impôt peut donc atteindre 12 000 € par an pour les opérations réalisées en 2011, puis 10 333 € par an pour celles effectuées en 2012 et 2013. En outre, si l'investisseur opte pour le Scellier « intermédiaire » et prolonge son engagement de location pendant six ans, la réduction d'impôt atteindra alors 46 % du prix du logement pour les acquisitions réalisées en 2011 (contre 32 % maximum en métropole) et 41 % pour celles réalisées en 2012 et 2013 (contre 28 % maximum en métropole) ;
- le taux de la réduction d'impôt est maintenu à 31 % pour les investissements réalisés entre 2014 et 2017, mais uniquement si le propriétaire s'engage à louer dans le cadre du dispositif Scellier « intermédiaire » (respect non seulement de plafonds de loyer plus bas qu'en Scellier mais aussi de plafonds de ressources des locataires). Si l'investisseur prolonge son engagement de location pendant six ans, la réduction d'impôt atteindra alors 41 % du prix du logement.

La réduction d'impôt Girardin

Vous pouvez bénéficier d'une réduction d'impôt si vous faites construire ou achetez un logement neuf situé outre-mer (Dom, Nouvelle-Calédonie et autres collectivités d'outre-mer) avant le 31 décembre 2012.

Le dispositif s'applique également en cas de réhabilitation, avant le 31 décembre 2010, d'un logement achevé depuis plus de vingt ans.

La location

Vous devez louer le logement vide à usage de résidence principale du locataire (loi du 6 juillet 1989) pendant au moins cinq ans en secteur « libre » (six ans en cas de location « intermédiaire »).

La location en secteur « intermédiaire » implique le respect de plafonds de loyer et de ressources du locataire fixés chaque année.

L'avantage fiscal

La base de la réduction d'impôt correspond au prix d'achat (ou au montant des travaux de réhabilitation) dans la limite d'un plafond par mètre carré de surface habitable (à titre d'exemple, 2 247 € hors taxes pour l'année 2011).

À ce montant, on applique un taux qui varie de 27 à 53 % pour un investissement réalisé en 2011 selon la zone où se situe le logement, selon qu'il s'agit d'une location au loyer « libre » ou « intermédiaire » et selon que le logement comprend ou non des équipements utilisant une source d'énergie renouvelable. Le montant ainsi obtenu constitue la réduction d'impôt totale : celle-ci est ensuite répartie sur cinq ans sans que l'avantage annuel puisse dépasser 36 000 €.

Exemple

En 2011, vous achetez un appartement neuf d'une valeur de 160 000 € que vous mettez en location en secteur intermédiaire (application d'un taux de 40 %). En prenant pour hypothèse que la valeur totale du bien puisse être intégralement prise en compte car elle est inférieure au plafond par mètre carré habitable, le montant du crédit d'impôt s'élève à : 160 000 X 40 % = 64 000 € de crédit d'impôt au total, soit 12 800 € par an pendant cinq ans (2011 – 2015).
Vous bénéficiez à plein de la réduction d'impôt puisque celle-ci est inférieure au plafond annuel de 36 000 €.

Conseil

Plutôt que de relever du plafond annuel de 36 000 €, vous pouvez opter pour un plafonnement de la réduction d'impôt à 13 % du revenu net global de votre foyer fiscal si ce montant est plus élevé. Ce choix n'est toutefois intéressant que pour les personnes ayant des revenus très élevés.

Initialement prévu jusqu'au 31 décembre 2017, le dispositif Girardin prendra finalement fin le 31 décembre 2012. Par ailleurs, en 2012, les investissements ne pourront être réalisés que dans le secteur intermédiaire et bénéficieront d'une réduction d'impôts minorée. Cette extinction progressive du dispositif Girardin ne nuit cependant pas à l'investissement outre-mer puisqu'elle est compensée par la création du Scellier « outre-mer ».

Questions – réponses

**Mes revenus issus de la location vide ne représentent
que 12 800 euros en 2010. Ai-je malgré tout intérêt à opter pour le
régime réel ?**

Lorsque le montant des loyers perçus représente moins de
15 000 euros, vous bénéficiez de plein droit du régime forfaitaire. Ce
régime a l'avantage de la simplicité : il suffit de reporter le montant de
votre revenu brut foncier sur la déclaration d'ensemble des revenus
(n° 2042) sur lequel l'administration fiscale réalisera un abattement de
30 %. Ce taux est alors réputé couvrir l'intégralité des frais et charges
grevant le logement (intérêts d'emprunt, travaux d'entretien, de réparation et d'amélioration, charges de copropriété, primes d'assurance
loyers impayés). Bien souvent, le régime forfaitaire se révèle désavan-
tageux. Il demeure adapté aux bailleurs qui n'ont plus d'intérêts
d'emprunt à payer ou dont les logements loués génèrent peu de charges.

**Quel est le montant à déclarer : le loyer hors charges
ou charges comprises ?**

C'est le loyer hors charges qui doit être déclaré. Les charges récupérables, c'est-à-dire remboursées chaque mois par le locataire sous forme
de provisions, ne sont pas imposables.

La réfection des peintures intérieures est une dépense locative, c'est-à-dire une dépense qui incombe normalement au locataire par application de l'article 1754 du Code civil. Les dépenses locatives ne sont en principe pas déductibles. Toutefois, il existe trois exceptions :

- les dépenses occasionnées par la vétusté ou la force majeure ;
- les dépenses engagées en vue de faciliter la location ;
- les dépenses récupérables sur le locataire non récupérées.

Le montant des travaux de réfection des peintures peut être déduit du revenu brut foncier à partir du moment où ces travaux ont pour objet de louer le logement avec plus de facilité.

Si vous obtenez un résultat négatif, cela signifie que le montant des frais et charges déductibles est supérieur au montant des loyers perçus. Vous pouvez alors imputer ce déficit sur le montant de votre revenu global.

Les frais d'établissement des diagnostics obligatoires pour la location du logement entrent dans les dépenses d'entretien. Ce sont donc des charges déductibles des revenus fonciers.

Le dispositif Scellier a pour objectif d'encourager la construction de logements et de faciliter l'accès au logement dans les zones où le marché immobilier est le plus tendu. L'investisseur bénéficie d'une réduction d'impôt : une partie du prix de revient du logement est déduite directement du montant de l'impôt sur le revenu. Une version plus sociale, le Scellier « intermédiaire », permet de profiter d'un avantage plus important. Qu'il s'agisse du Scellier ou du Scellier « intermédiaire », le bénéfice de l'avantage fiscal est subordonné au respect des conditions suivantes :

- le logement doit être acquis neuf, en l'état futur d'achèvement (VEFA) ou achevé, mais non encore habité. L'investissement doit être réalisé avant le 31 décembre 2012. Dans certaines conditions, le logement réhabilité à neuf peut ouvrir droit au dispositif ;
- le logement doit être loué vide pendant neuf ans, de manière effective et continue, à usage de résidence principale du locataire ;
- des plafonds de loyers doivent être respectés. Cinq zones (A, A bis, B1, B2, C) ont été définies en fonction de la situation du marché locatif. Dans chaque zone, la loi détermine un plafond de loyer ;
- dans la version Scellier « intermédiaire », une condition supplémentaire tenant aux ressources du locataire est exigée.

La fiscalité des locations meublées : les bénéfices industriels et commerciaux

L'administration fiscale considère que la location d'un logement meublée est une activité commerciale. Même si cela peut paraître étonnant, les loyers perçus en location meublée sont imposés dans la catégorie des bénéfices industriels et commerciaux alors même que l'activité peut être exercée à titre non professionnel.

Selon le montant des loyers et charges perçus, que l'on appelle « chiffre d'affaires » ou encore « recettes » et parfois selon votre choix, vous pouvez être exonéré d'impôt ou bien soumis à un régime forfaitaire, dit « micro-Bic » ou « micro-entreprise », ou bien encore soumis à un régime réel d'imposition.

Par ailleurs, certains loueurs en meublé sont considérés par le fisc comme professionnels et bénéficient de certains avantages fiscaux.

Les exonérations

Les personnes qui louent ou sous-louent en meublé une ou plusieurs pièces faisant partie de leur habitation principale

Vous êtes exonéré d'impôt sous réserve que la ou les pièces louées constituent pour le locataire sa résidence principale et que le prix de la location demeure fixé dans des limites raisonnables. Tel est le cas si le loyer annuel par mètre carré de surface habitable, charges non comprises, n'excède pas pour l'année 2011, 174 € en Île-de-France et 127 € dans les autres régions. Ces plafonds sont relevés au 1er janvier de chaque année en fonction de l'indice de référence des loyers du deuxième trimestre de l'année précédente.

Exemple

Vous louez à Paris, dans votre résidence principale, une chambre de 20 m^2 à un étudiant. Pour être exonéré d'impôt, le loyer mensuel hors charges ne doit pas dépasser (174 x 20)/12 = 290 €.

À savoir

La location d'une chambre de service, située à un autre étage que l'appartement principal, peut bénéficier de l'exonération mais à la condition que cette pièce soit juridiquement dépendante du logement du propriétaire. Ainsi, une chambre achetée avec l'appartement remplit cette condition.

Les personnes qui louent à la semaine ou au mois des chambres d'hôtes à des personnes n'y élisant pas domicile

Les recettes de ces locations ne doivent pas dépasser 760 € par an, sans compter cependant les prestations annexes qui pourraient s'y ajouter (petit-déjeuner, entretien, téléphone, etc.). En revanche, si vous dépassez 760 € annuels, vous êtes imposé sur la totalité des recettes tirées de la location, y compris les prestations annexes.

Le régime forfaitaire ou micro-entreprise

Le régime micro-entreprise (appelé également « micro-Bic » ou régime « forfaitaire ») consiste en l'application d'un abattement sur vos recettes annuelles, c'est-à-dire toutes les sommes perçues au titre de la location (les loyers mais aussi les charges). Cet abattement est réputé inclure l'ensemble des frais et charges relatifs au logement ; aucune déduction supplémentaire n'est donc autorisée. Le montant de l'impôt dépendra ensuite bien sûr de vos autres revenus et de la tranche d'imposition dans laquelle vous vous situez.

Le régime micro-entreprise s'applique de plein droit (c'est-à-dire automatiquement et sans formalité) aux loueurs en meublé dont les recettes annuelles ne dépassent pas, pour l'année 2011, 32 600 € (contre 76 300 € jusqu'à l'imposition des revenus 2008).

Si vous avez loué en cours d'année ou une partie de l'année, vous devez calculer le seuil comme si vous aviez loué l'année entière. En d'autres termes, vous devez appliquer un *prorata temporis*.

À savoir

Ce *prorata temporis* ne concerne pas les locations saisonnières.

Exemple

Propriétaire d'un appartement, vous avez commencé votre activité de loueur en meublé le 1er octobre 2011. Au 31 décembre 2011, après 92 jours de location, vos recettes s'élèvent à 5 400 €.
Pour bénéficier du régime micro-Bic, vos recettes ne doivent pas dépasser : (32 600/365) × 92 = 8 216 €.
Vous relevez donc de plein droit, c'est-à-dire sans formalité particulière, du régime micro-foncier pour l'année 2011.

Conseil

En théorie, le seuil de 32 600 € peut s'appliquer à chacun des époux ou des enfants à charge qui loue personnellement un ou plusieurs logements leur appartenant en propre. Toutefois, il est prudent de consulter l'administration fiscale pour vérifier que, dans votre situation, chacun peut bénéficier du régime micro-BIC.

L'abattement

En location classique

Le régime du micro-Bic offre au loueur en meublé non professionnel un abattement de 50 % sur ses recettes (contre 71 % jusqu'à l'imposition des revenus 2008) : vous n'êtes donc imposé que sur 50 % de votre gain (contre 29 % jusqu'à l'imposition des revenus 2008).

Cet abattement est réputé couvrir l'ensemble des frais et charges déductibles exposés (travaux, intérêts d'emprunt, amortissement du bien, etc.). Si vous optez pour ce régime, vous ne pouvez déduire aucuns autres frais supplémentaires. Par conséquent, vous ne pouvez jamais prétendre à un quelconque déficit, et ce même si le montant de vos charges est supérieur à vos recettes, en raison de travaux réalisés dans le logement loué par exemple. Vous êtes nécessairement imposé au titre de l'impôt sur le revenu sur 50 % de vos recettes.

Exemple

Vous êtes propriétaire d'un deux pièces meublé que vous louez pour un montant mensuel de 900 € charges comprises.
Vos recettes annuelles s'élèvent à 10 800 €. L'administration applique l'abattement forfaitaire de 50 % et réintègre à l'ensemble de vos revenus de l'année 50 % des loyers et charges perçus, soit la somme de : 10 800 × 50 % = 5 400 €.

Le régime micro-Bic demeure applicable les deux premières années du franchissement de la limite de 32 600 €. Dans cette hypothèse l'ensemble des recettes annuelles (loyers plus charges) bénéficie de l'abattement de 50 %.

Exemple

Vous avez perçu en 2010 30 000 € de loyers et charges. Vous relevez donc du régime micro-entreprise et bénéficiez de l'abattement de 50 % : seuls 15 000 € sont intégrés à l'ensemble de vos revenus perçus en 2010 et déclarés en 2011. Si en 2011 vous percevez 35 000 € de loyers et charges, vous continuerez néanmoins à bénéficier du régime micro-entreprise au titre de 2011 puisqu'il s'agit de la première année de franchissement du seuil du régime forfaitaire. L'abattement de 50 % s'appliquera donc sur 35 000 €.

En location saisonnière

Pour les loyers et charges perçus depuis le 1er janvier 2009, le seuil de recettes pour bénéficier du régime micro-entreprise ainsi que le taux de l'abattement sont plus élevés pour certains types de location saisonnière. Il s'agit :

- des gîtes ruraux ;
- des locations classées « meublés de tourisme » ;
- des chambres d'hôtes.

Si vous louez ce type de logement, vous bénéficiez de plein droit (automatiquement et sans formalité) du régime micro-entreprise si vos recettes ne dépassent pas 81 500 € par an : vous êtes donc presque toujours concerné.

Sur ces recettes, vous bénéficiez d'un abattement forfaitaire de 71 %, ce qui signifie que seuls 29 % de vos loyers et charges sont réintégrés à l'ensemble de vos revenus de l'année, puis imposés.

À savoir

Le bénéfice de ce régime plus avantageux est motivé par la volonté de soutenir les activités d'accueil en milieu rural et par la prise en compte des investissements réalisés par les propriétaires bailleurs.

Pour qui est-ce intéressant ?

Ce régime est adapté aux loueurs dont les charges du logement n'excèdent pas le seuil de 50 %. Si vous êtes déficitaire ou si du moins vos charges dépassent 50 % du montant de vos recettes, vous n'avez pas forcément intérêt à rester soumis à ce régime. Il peut être alors plus intéressant d'opter pour le régime réel.

Les obligations comptables

Vos obligations comptables sont particulièrement simples. Il vous faut juste conserver et tenir à la disposition de l'administration fiscale un registre récapitulatif par année indiquant le détail des recettes provenant de vos locations meublées.

Tout loueur en meublé doit remplir un imprimé fiscal de « Déclaration de début d'activité » dès lors qu'il met en location son premier logement meublé.

À savoir

Ce document n'a aucune conséquence financière et n'équivaut en aucun cas à une immatriculation au Registre du commerce et des sociétés.

La déclaration de revenus

Bonne nouvelle, les obligations déclaratives sont, elles aussi, particulièrement réduites ! En effet, il vous faut seulement, sur l'imprimé « Déclaration complémentaire des revenus » (actuellement n° 2042 C), reporter, dans la partie dénommée « Revenus industriels et commerciaux non professionnels (y compris les loueurs en meublés non professionnels) », le chiffre d'affaires brut de toutes vos locations meublées, c'est-à-dire le montant brut des loyers toutes taxes comprises, acquitté par votre (vos) locataire(s).

L'administration calcule alors automatiquement un abattement de 50 %.

À savoir

La déclaration 2042 C entraîne automatiquement l'assujettissement à la contribution économique territoriale (l'ex-taxe professionnelle) ; il n'est donc pas nécessaire de remplir un imprimé supplémentaire.

Le micro-Bic : un régime avantageux !

Avec un abattement forfaitaire relativement élevé, le régime micro-Bic est fiscalement attractif et particulièrement adapté à la plupart des loueurs en meublé.

En effet, une fois les intérêts d'emprunt relatifs à l'acquisition remboursés, le montant des frais et charges réels que vous supportez réellement ne dépasse pas souvent 50 % de vos revenus locatifs : vous avez donc tout intérêt à demeurer dans ce système.

Notez, par exemple, que dans le cadre des revenus fonciers, le micro-foncier n'offre qu'un abattement de 30 % !

Par ailleurs, le fonctionnement du micro-Bic est particulièrement simple et ne nécessite ni compétence comptable, ni aide pour remplir la déclaration des revenus : c'est un régime idéal pour les particuliers !

Le régime réel d'imposition

Le régime réel consiste à déduire de vos recettes annuelles, c'est-à-dire de toutes les sommes perçues au titre de la location (les loyers mais aussi les charges), l'ensemble des frais et charges supportés.

Dans ce régime en effet, et comme son nom l'indique, le bénéfice ou le déficit est déterminé en fonction des recettes et des charges réelles que vous avez supportées et déclarées.

Vous relevez du régime réel :
- soit de plein droit (automatiquement et sans formalité) si vos recettes annuelles (loyers plus charges versés par le locataire) dépassent 32 600 € (en 2011) ;
- soit sur option si vos recettes annuelles ne dépassent pas 32 600 €. Dans cette hypothèse, l'option pour le régime réel est intéressante si vos frais et charges déductibles sont supérieurs à 50 % de vos recettes.

Comment opter pour ce régime ?

Il vous suffit d'envoyer, sur papier libre, à votre service des impôts, une lettre où vous précisez simplement votre souhait d'être placé sous le régime réel d'imposition. L'option doit être exercée avant le 1er février de la première année au titre de laquelle vous désirez vous placer sous le régime réel. L'option est alors obligatoirement prise pour deux années et est ensuite reconduite tacitement par période de deux ans, sauf dénonciation.

Exemple

Si vous adressez votre courrier aux impôts avant le 1er février 2012, l'option s'appliquera aux revenus 2012 et 2013.

Les charges déductibles

Dans un régime réel, l'intérêt est de pouvoir déduire de vos recettes (loyers et charges perçus) les frais et charges que vous avez réellement supportés. Ceux-ci sont donc déductibles pour leur montant réel et sur justifications. Vous pouvez donc déduire :

Les frais d'établissement

Il s'agit des frais de notaire, des éventuels frais de constitution de société, des honoraires et commissions versés à des professionnels (avocats par exemple). Ces frais sont déduits en totalité en tant que charges. Vous pouvez aussi choisir d'étaler la déduction sur cinq ans.

Vous pouvez également décider de rattacher ces frais au coût d'acquisition du bien. On parle alors de frais d'acquisition d'immobilisation. Dans ce cas, ils ne sont pas comptabilisés en tant que charges déductibles mais amortis au même titre que le bien.

L'amortissement des locaux

Le prix d'achat du logement ne constitue pas une charge déductible mais il doit être amorti car il se déprécie avec le temps et il figure à l'actif du bilan en tant qu'immobilisation.

D'une manière générale, le bien est amorti de façon linéaire en fonction de sa durée probable d'utilisation. Ainsi, si l'on considère que l'immeuble a une durée de vie de cinquante ans, on va déduire 2 % du prix d'achat du bien chaque année, et ce pendant cinquante ans.

Mais attention, l'amortissement se fait « par composants », c'est-à-dire qu'il n'est pas possible d'amortir le logement dans son ensemble.

autres charges déductibles. Le surplus est reporté sur les exercices suivants, sans limitation de durée.

L'amortissement par composants

Depuis 2005, de nouvelles règles s'appliquent en matière d'amortissement. On parle désormais d'amortissement « par composants ». Cela signifie qu'un plan d'amortissement distinct est suivi pour chacun des composants de l'immeuble : gros œuvre, menuiseries extérieures, étanchéité, chauffage, électricité, plomberie, ascenseur, etc. Chaque composant représente un pourcentage du coût global (par exemple 80 % pour le gros œuvre) et s'amortit selon des règles qui lui sont propres. Notez que le terrain, qui est pris en compte à hauteur de 10 à 15 %, ne s'amortit pas. Le gros œuvre s'amortit sur cinquante ans, les menuiseries sur vingt-cinq ans, l'électricité sur vingt-cinq ans également.

N.B. : ces chiffres sont donnés à titre d'exemples et n'ont pas de valeur obligatoire. À vous, avec l'aide de votre comptable, de déterminer pour chaque composant ses règles d'amortissement.

À savoir

Si vous achetez un immeuble neuf, le promoteur peut vous donner la répartition par composants, ce qui vous facilite la tâche, ou du moins celle de votre comptable.

L'amortissement du mobilier et des améliorations

En ce qui concerne le mobilier, il est en principe amorti sur une durée allant de cinq à dix ans avec un taux de 10 % à 20 % par an.

Les frais d'entretien, d'amélioration et de réparation

Il s'agit des frais classiques que vous devez supporter en tant que propriétaire (charges de copropriété, travaux sur parties privatives). Ils n'appellent pas de commentaires particuliers.

Les impôts locaux

Vous pouvez également déduire les impôts locaux que vous devez acquitter, à savoir la contribution économique territoriale (CET), la taxe d'habitation (si vous louez en saisonnier) et la taxe foncière. Nous détaillerons plus loin ces différentes taxes.

Les frais de gestion et d'assurances

Il s'agit des frais que vous devez exposer pour mettre en location et gérer votre location (téléphone, contrats, annonces, etc.). Vous déduisez également l'intégralité de vos primes d'assurance relatives au bien loué.

Les intérêts d'emprunt

Vous pouvez bien sûr déduire les intérêts des emprunts contractés pour l'acquisition du bien et/ou son amélioration (travaux).

L'imputation des déficits

Contrairement au régime micro-Bic, forcément bénéficiaire, votre activité de loueur en meublé peut, au réel, générer un déficit ; c'est même cette perspective qui motive le plus souvent l'option.

Le déficit constaté est déductible sur les bénéfices réalisés au titre des éventuelles autres locations meublées que vous possédez. À défaut, le déficit est reportable. Ainsi, la part des déficits qui n'a pu être déduite une année peut être soustraite des bénéfices de l'année suivante puis, si le déficit n'est toujours pas totalement déduit, pendant encore neuf autres années (soit au total dix années maximum).

Seule exception : le loueur en meublé professionnel qui peut imputer ses déficits sur son revenu global (voir ci-après : « Le loueur en meublé professionnel »).

Exemple

Vous êtes loueur en meublé non professionnel. En 2010, l'une de vos deux locations vous a rapporté un bénéfice de 2 000 €. L'autre, en revanche, a généré un déficit de 3 000 €.

Vous pourrez imputer le déficit de 1 000 € (2 000 € - 3 000 €) sur les loyers et charges de l'année suivante (2011) et, si besoin est, vous pourrez « l'apurer » sur ceux des neuf années suivantes.

Vos obligations fiscales et comptables

Sur le plan fiscal, vous devez remplir une déclaration n° 2033 comportant :

- un bilan abrégé ;
- un tableau des immobilisations et des amortissements ;
- un relevé des provisions.

Sur le plan comptable, deux possibilités existent :

- la comptabilité super-simplifiée : vous devez enregistrer au jour le jour les dépenses (et garder les factures les justifiant) et les recettes (avec mode de paiement). Mais vous n'avez qu'une fois par an à reporter vos créances ou bien vos dettes ;
- la comptabilité simplifiée : identique à la précédente, mais il faut y rajouter un compte de trésorerie et donc indiquer quotidiennement des débits et crédits à court ou moyen terme.

> **À savoir**
>
> Quel que soit votre choix, vous avez toujours intérêt à vous faire assister par un comptable ou un centre de gestion agréé.
>
> Ces centres sont destinés à apporter une assistance de gestion ainsi qu'en matière fiscale. Vous pourrez connaître l'adresse d'un centre agréé en téléphonant à la Direction des services fiscaux dont dépend votre domicile, qui pourra vous adresser la brochure recensant tous les centres.
>
> Seuls les loueurs en meublé professionnels peuvent normalement adhérer à ces centres.

Quand déposer vos déclarations ?

Suivant l'importance de votre bénéfice, vous serez amené à déposer votre déclaration au centre des impôts de votre domicile ou du local loué au printemps. La date de dépôt exacte est fluctuante d'année en année : renseignez-vous auprès de votre centre des impôts.

Comment dénoncer ce régime ?

Si vous ne vous manifestez pas avant le 1er février qui suit la période couverte par l'option, sa reconduction tacite aura lieu de nouveau pour une période de deux ans.

Les bénéfices industriels et commerciaux (BIC)		
	Micro-entreprise ou micro-Bic	Régime sur option ou obligatoire
Conditions d'application	– En location meublée classique, si les loyers et les charges reçus n'excèdent pas 32 600 €.	– Au-delà de 32 600 € en location meublée classique.
	– En location saisonnière, si les loyers et charges n'excèdent pas 81 500 €.	– Au-delà de 81 500 euros en location saisonnière.
Détermination des charges déductibles	– 50 % d'abattement en location meublée classique. – 71 % d'abattement en location saisonnière.	Charges déductibles = – frais d'établissement ; – frais d'entretien, d'amélioration et de réparation ; – impôts locaux ; – intérêts d'emprunt ; – amortissement du logement et du mobilier ; – frais de gestion et primes d'assurance.
Sort des recettes imposables	– 50 % de recettes imposables en location meublée classique. – 29 % de recettes imposables en location saisonnière.	– Bénéfice : à réintégrer « comme un salaire ». – Déficit : déductible uniquement sur les bénéfices réalisés sur les autres locations meublées. – En cas de solde, report jusqu'à l'absorption, sur 10 ans maximum.

La loi Bouvard : une réduction d'impôt pour investissement dans les résidences services

En tant que loueur en meublé non professionnel, vous pouvez bénéficier d'une réduction d'impôt (appelée « loi Bouvard » ou « Scellier résidences services ») si vous investissez, entre le 1er janvier 2009 et le 31 décembre 2012 (la date de signature de l'acte authentique faisant foi), dans un logement neuf ou acquis en l'état futur d'achèvement (achat sur plans) situé dans certaines résidences ou établissements d'intérêt général.

Il s'agit notamment :

- des résidences avec services pour étudiants ;
- des résidences de tourisme classées ;
- des résidences avec services pour personnes âgées ou handicapées ;
- d'établissements délivrant des soins de longue durée et comportant un hébergement, à des personnes n'ayant pas leur autonomie de vie, dont l'état nécessite une surveillance médicale constante et des traitements d'entretien (dixième alinéa du 3° de l'article L. 6143-5 du Code de la santé publique) ;
- d'établissements d'accueil des personnes les plus fragiles (personnes âgées, adultes handicapés ou personnes atteintes de pathologies chroniques) et qui leur apportent à domicile une assistance dans les actes quotidiens de la vie, des prestations de soins ou une aide à l'insertion sociale ou bien qui leur assurent un accompagnement médico-social en milieu ouvert (article L. 312-1, 6° et 7° du Code de l'action sociale et des familles).

Vous pouvez également bénéficier du dispositif si vous faites l'acquisition d'un logement achevé depuis au moins quinze ans et qui a fait l'objet (ou fait l'objet) d'une réhabilitation ou de travaux de rénovation lui permettant d'acquérir des performances techniques voisines de celles des logements neufs.

La location

Vous devez vous engager à louer meublé le logement, pendant au moins neuf ans, à l'exploitant de l'établissement ou de la résidence.

> **À savoir**
>
> Aucune condition tenant au montant du loyer et/ou aux ressources des locataires et occupants n'est à respecter.

L'avantage fiscal

L'avantage fiscal est proche de celui du dispositif Scellier qui existe pour les locations vides. Il prend donc la forme d'une réduction d'impôt égale à 18 % du prix de revient pour les investissements réalisés en 2011 et 2012. Le prix de revient est pris en compte dans la limite de 300 000 €.

Dans le cadre de la politique de réduction des déficits, le gouvernement a annoncé en août dernier un nouveau « coup de rabot » de 10 % sur les niches fiscales. Les investissements réalisés en Bouvard à compter du 1er janvier 2011 pourraient être concernés par cette mesure.

Au titre d'une même année d'imposition, plusieurs logements peuvent ouvrir droit à la réduction d'impôt. Toutefois, la base de la réduction d'impôt, calculée sur le prix de revient du ou des logements, ne peut excéder 300 000 € au titre d'une même année d'imposition : la réduction d'impôt annuelle maximale est donc de **54 000 €**.

Le prix de revient s'entend :

- pour un logement neuf, du prix d'acquisition majoré des « frais de notaire » (honoraires du notaire et taxe de publicité foncière) ;
- pour un logement achevé depuis plus de quinze ans, du prix d'acquisition majoré du coût des travaux de réhabilitation ou de rénovation.

La réduction est étalée sur neuf ans, par neuvièmes, à compter :

- pour les logements acquis neufs, en l'état futur d'achèvement ou achevés depuis au moins quinze ans et ayant fait l'objet d'une réhabilitation, de l'année d'achèvement du logement ou de celle de son acquisition si elle est postérieure ;
- pour les logements achevés depuis au moins quinze ans et qui font l'objet de travaux de réhabilitation, de l'année d'achèvement de ces travaux.

Exemple

Vous achetez sur plans en 2011 un logement neuf d'une valeur de 400 000 € dans une résidence avec services pour personnes âgées. Il vous est livré puis mis en location au cours de l'année 2012. La réduction d'impôt s'élève à : 300 000 × 18 % = 54 000 €. Elle est étalée sur neuf ans, à raison de 6 000 € par an, au titre de l'imposition des revenus des années 2012 à 2020.

Dans des conditions identiques mais pour un investissement d'un montant de 200 000 €, la réduction d'impôt est de (200 000 × 18 %)/9 = 4 000 € par an.

À savoir

Il s'agit, non d'un crédit d'impôt, mais d'une réduction d'impôt. Si le montant d'impôt est insuffisant pour absorber la réduction d'impôt, le solde est reporté sur l'impôt sur le revenu des six années suivantes.

En outre, si vous relevez, de plein droit ou sur option, du régime réel d'imposition, vous pouvez amortir la fraction du prix de revient du logement excédant 300 000 € (soit sur 100 000 € pour une acquisition d'un montant de 400 000 €).

Enfin, et sous réserve des précisions qui seront apportées par l'administration, la conclusion d'un bail commercial avec l'exploitant de la résidence devrait vous permettre de récupérer la TVA versée lors de l'achat.

Les loueurs en meublé professionnels sont exclus de ce mécanisme de réduction d'impôt. Leur statut spécifique leur offre toutefois d'autres avantages particulièrement intéressants.

Le loueur en meublé professionnel

Le fisc accorde aux loueurs en meublé qu'il considère comme professionnels deux avantages : l'un concerne le report des déficits, l'autre le régime des plus-values. Il convient donc de bien cerner les conditions requises par le fisc pour être loueur de meublé professionnel.

La définition

Selon l'article 151 *septies* du Code général des impôts, est considéré comme loueur en meublé professionnel la personne qui répond aux trois conditions suivantes :

– les recettes annuelles retirées de l'activité de loueur en meublé professionnel (LMP) par l'ensemble des membres du foyer fiscal excèdent 23 000 € ;

Exemple

En cas de commencement ou de cessation d'activité en cours d'année, ces seuils (23 000 € et 50 % des revenus) sont ajustés en proportion du nombre de jours où l'activité de loueur en meublé s'est exercée.

> Si vous n'avez loué l'an dernier que du 1er septembre au 31 décembre, soit 122 jours sur 365, vous serez considéré comme loueur professionnel si vos revenus locatifs, toutes taxes comprises, ont dépassé : 23 000 € × 122/365 = 7 688 €.

– les recettes annuelles retirées de l'activité de LMP excèdent les revenus du foyer fiscal soumis à l'impôt sur le revenu dans les catégories suivantes :
  - traitements et salaires ;
  - bénéfices industriels et commerciaux autres que ceux tirés de la location meublée ;
  - bénéfices agricoles ;
  - bénéfices non commerciaux ;
  - revenus des gérants et associés (mentionnés à l'article 62 du Code général des impôts).
– un membre du foyer fiscal est inscrit au registre du commerce et des sociétés (RCS) en qualité de loueur en meublé professionnel.

Comment bénéficier d'un statut de loueur en meublé professionnel ?

Pour vous inscrire au Registre du commerce et bénéficier du statut de LMP, vous devez retirer les formulaires nécessaires au greffe du tribunal de commerce du lieu où vous exercez votre activité.

Vous devez joindre à ce formulaire un ensemble de documents concernant votre état civil et l'activité exercée.

Coût de l'inscription : environ 500 €. Attention : à ce montant s'ajouteront les diverses charges sociales que vous devrez acquitter chaque année.

Le greffe du tribunal de commerce peut refuser l'inscription au motif que vous n'êtes pas un commerçant au sens du Code de commerce car vous ne fournissez aucune prestation. Déposez néanmoins une demande d'immatriculation pour obtenir un refus. Le fisc vous accordera le statut de LMP sur la base de cette décision de rejet.

Si vous offrez en plus du logement des prestations secondaires telles que petit-déjeuner, fourniture de linge, vous obtenez sans problème l'inscription au RCS.

À savoir

En tant que LMP, vous devez recourir aux services d'un centre de gestion agréé ou à ceux d'un expert-comptable, d'une société d'expertise comptable ou d'une association de gestion et de comptabilité. Cela vous permet d'avoir la certitude que votre comptabilité est juste mais aussi d'éviter que le revenu tiré de vos locations meublées soit forfaitairement majoré de 25 % ! Vous pouvez obtenir la liste des centres de gestion agréés sur le site www.impots.gouv.fr.

Les avantages fiscaux

Ils sont au nombre de trois :

- le premier concerne le régime des plus-values de cession ;
- le deuxième a trait à l'imputation ou le report des déficits ;
- le troisième intéresse la sortie des biens loués de l'assiette de l'ISF.

Le bénéfice des plus-values professionnelles

En tant que LMP, vous bénéficiez du régime des plus-values dites « professionnelles », qui est plus avantageux que celui appliqué aux plus-values immobilières des particuliers.

Ainsi, vous serez totalement exonéré de taxation sur la plus-value en cas de vente d'un logement, si ce dernier est loué depuis au moins cinq ans et si les recettes de l'année n'excèdent pas 90 000 €. L'exonération n'est que partielle si les recettes sont comprises entre 90 000 et 126 000 €.

L'imputation des déficits

En tant que loueur professionnel, vous pouvez déduire le déficit réalisé sur votre revenu global de l'année (l'ensemble de vos revenus) et ce, sans limitation de montant, sous réserve que ce déficit ne provienne pas d'amortissements exclus des charges déductibles. C'est le principal avantage du statut de LMP. Le report de l'excédent est possible sur les revenus des six années suivantes.

Rappelons que le loueur non professionnel ne peut déduire son déficit que sur les revenus de ses locations meublées.

● La réduction de l'assiette de l'ISF

Dans le cadre du statut du LMP, vos logements meublés sont considérés comme des biens professionnels et donc non soumis à l'ISF.

La couverture sociale

Lorsque vous êtes inscrit au Registre du commerce et des sociétés (RCS), l'activité de loueur en meublé professionnel peut déclencher l'assujettissement aux cotisations sociales (allocations familiales, assurance-maladie, invalidité décès, retraite vieillesse, CSG, CRDS). L'intérêt est alors de bénéficier d'une couverture sociale, ce qui est utile, notamment si votre activité professionnelle ne vous permet pas de bénéficier d'une bonne retraite.

Il est cependant très difficile d'effectuer un bilan surcoût/avantages lié à cet assujettissement. Avant de vous lancer dans une activité de LMP, vous avez donc tout intérêt à consulter un comptable ou un fiscaliste.

Questions – réponses

En location meublée, vous êtes imposé sur les recettes annuelles, c'est-à-dire toutes les sommes perçues dans le cadre de la location. Vous devez donc déclarer les loyers et les charges.

Le plafond pour l'application du régime micro-Bic (32 100 euros pour les loyers perçus en 2010, 32 600 euros en 2011) est fixé pour une année d'activité. Dans l'hypothèse où la location meublée a commencé (ou pris fin) en cours d'année, il faut effectivement calculer un *prorata temporis*. Vous avez réalisé une recette de 2 800 euros (700 × 4) sur quatre mois de l'année. Le plafond à ne pas dépasser pour bénéficier du régime micro-Bic est calculé de la manière suivante : (32 100 × 4)/12 = 10 700 euros > 2 800 euros. Vous pouvez donc bénéficier du régime micro-Bic et de l'abattement de 50 % sur vos recettes.

Bailleur en meublé, je bénéficie habituellement du régime micro-BIC. Cependant, en 2010, mes loyers ont dépassé le seuil d'application du régime réel (32 100 euros pour 2010). Suis-je tenu de remplir une déclaration n° 2033 applicable au régime réel ?

Le régime micro-BIC demeure applicable les deux premières années du franchissement du seuil d'application du régime réel quel que soit le montant des recettes perçues. Ainsi, si vous avez perçu 35 000 euros en 2010, vous ne serez imposé que sur 17 500 euros (35 000 × 50 %).

Vous pourrez encore dépasser en 2011 en bénéficiant du régime forfaitaire. En revanche, en cas de franchissement en 2012, vous serez soumis au régime réel.

J'ai loué des chambres d'hôtes pour une recette de 45 600 euros en 2011. Quel est le régime d'imposition applicable ?

Le régime d'imposition des recettes issues de la location de chambres d'hôtes, de gîtes ruraux et des locations classées « meublés de tourisme » obéit à des règles particulières : le plafond d'application du régime forfaitaire est fixé à 81 500 euros en 2011 et le pourcentage de l'abattement à 71 %. Ce qui signifie que vous bénéficiez du régime forfaitaire dès lors que vos recettes sont inférieures à 81 500 €. En outre, le régime forfaitaire consiste en un abattement de 71 %, ce qui signifie que vous n'êtes imposé que sur 29 % des recettes perçues. Ce régime est donc très intéressant. Vous avez toutefois la possibilité d'opter pour le régime réel si vos frais et charges représentent au moins 71 % de vos recettes. Le régime réel consiste à déduire de vos recettes annuelles, l'ensemble des frais et charges supportés.

J'ai fait réaliser l'ensemble des diagnostics obligatoires pour la location de mon studio meublé. Puis-je déduire ces frais dans le cadre du régime réel d'imposition ?

Les frais d'établissement des diagnostics obligatoires (plomb, performance énergétique et risques naturels et technologiques) sont considérés comme des dépenses d'entretien. À ce titre, ils sont déductibles des recettes.

À la suite d'un litige avec un locataire, j'ai fait appel à un avocat pour sa résolution. Les honoraires de l'avocat sont-ils des charges déductibles ?

Les frais de procédure engagés pour régler des différends avec votre locataire (loyers impayés par exemple) ou avec un artisan qui a réalisé des travaux dans le local sont effectivement déductibles des recettes perçues. Par exemple, les frais d'huissier (pour un constat ou un commandement de payer) et les honoraires d'avocats sont déductibles.

Les impôts et taxes

Les impôts locaux sont perçus non pas au profit de l'État comme l'impôt sur le revenu mais au profit des collectivités territoriales, c'est-à-dire des régions, des départements et des communes. Les recettes de ces impôts constituent pour ces dernières, l'une des principales ressources. Elles alimentent le budget et financent de nombreux projets.

La taxe d'habitation

Cette taxe est due par l'occupant au 1er janvier de l'année, et ce pour toute l'année puisqu'il n'est pas opéré de *prorata temporis.*

Dans la plupart des cas, c'est donc le locataire qui est redevable de la taxe d'habitation. Lorsque le logement est loué à l'année ou sur quelques mois (résidence principale ou secondaire du locataire, location à un étudiant), c'est le locataire qui occupe les lieux au 1er janvier de l'année qui paie la taxe d'habitation pour toute l'année.

À savoir

Pour que la taxe d'habitation soit établie au nom du locataire, il convient d'aviser les impôts de la mise en location et du nom du locataire.

En revanche, le propriétaire redevient redevable de la taxe d'habitation si les logements loués constituent tout ou partie de son habitation personnelle et qu'il peut disposer du logement en dehors des périodes de location. Il en est ainsi en cas de location saisonnière, et ce même si le logement est loué en saisonnier au 1er janvier.

La taxe foncière

Vous êtes soumis, comme tout propriétaire d'un bien immobilier, à la taxe foncière et ce, dans les conditions de droit commun.

La taxe foncière inclut la taxe d'enlèvement des ordures ménagères. Cette taxe figure dans le décret n° 87-713 du 26 août 1987 fixant la liste des charges récupérables.

À savoir

Le propriétaire est redevable de la taxe mais peut demander le remboursement au locataire.

La contribution économique territoriale (CET)

En tant que loueur en meublé, professionnel ou non professionnel, vous étiez redevable de la taxe professionnelle, sauf rares exceptions.

Depuis le 1er janvier 2010, la taxe professionnelle est supprimée et remplacée par la contribution économique territoriale (CET). Ce nouvel impôt est composé :
- d'une part, d'une cotisation foncière des entreprises (CFE) ;
- d'autre part, d'une cotisation sur la valeur ajoutée des entreprises (CVAE).

Dans l'attente de précisions de l'administration fiscale, les loueurs en meublé, professionnels ou non professionnels, devraient être assujettis à la CET et notamment à sa composante foncière (la CFE).

Les exonérations prévues en matière de taxe professionnelle ayant été reconduites, les locations saisonnières devraient être exonérées de CET, sauf délibération contraire des collectivités locales.

À savoir

Bien que critiqué, l'assujettissement des loueurs non professionnels à la taxe professionnelle était parfaitement établi en pratique. Cela avait d'ailleurs été confirmé par une réponse ministérielle du 28 novembre 2006 et un arrêt du Conseil d'État du 24 mars 2006.

L'article 1459 du Code général des impôts prévoit un certain nombre de cas dans lesquels le loueur en meublé n'est pas redevable de la CET. Les exonérations concernent :

- les personnes qui louent accidentellement en meublé (et sans aucun caractère périodique) une partie de leur habitation personnelle ;
- les personnes qui louent en meublé une partie de leur habitation principale, à condition que le prix de la location demeure fixé dans des limites raisonnables et que les pièces louées constituent pour le locataire sa résidence principale ;
- les personnes qui louent tout ou partie de leur habitation personnelle à titre de gîte rural ;
- les personnes qui louent les locaux faisant partie de leur habitation personnelle et classés « meublées de tourisme » dans les conditions de l'article L. 324-1 du Code de tourisme ;
- les personnes autres que celles visées ci-dessus qui louent ou sous-louent en meublé tout ou partie de leur habitation personnelle.

La CSG et les autres prélèvements sociaux

Outre l'impôt sur le revenu, les bénéfices industriels et commerciaux sont soumis, au titre des revenus du patrimoine, aux taxes suivantes :

- la contribution sociale généralisée (CSG). Elle est due par les personnes physiques domiciliées fiscalement en France, imposables au titre de l'impôt sur le revenu. La CSG est assise sur le revenu net et son taux est égal à 8,2 %. Elle fait l'objet d'un avis d'imposition distinct de celui de l'impôt sur le revenu. Toutefois, une partie de cette taxe (à hauteur de 5,8 %) est déductible du revenu imposable du contribuable ;
- le prélèvement social. Il est dû exactement dans les mêmes conditions que la CSG et son montant est de 3,4 % du revenu net ;
- la contribution au remboursement de la dette sociale (CRDS). Elle est due également dans les mêmes conditions que la CSG ; son taux est de 0,5 % du revenu net.

La TVA

Les locations meublées sont en principe exonérées de TVA sans possibilité d'option.

Une exception toutefois : la location est assujettie à la TVA si elle s'accompagne d'au moins trois des quatre prestations para-hôtelières suivantes :

- petit-déjeuner ;
- nettoyage régulier des locaux ;
- fourniture de linge de maison ;
- réception, même non personnalisée, de la clientèle.

En effet, ces services annexes transforment en fait la location en un service quasi hôtelier.

Sont donc essentiellement concernées par la TVA les locations saisonnières et les locations meublées dans les résidences avec services.

Dans ce cas, la TVA est une TVA au taux réduit de 5,5 % qui s'applique à la fourniture du logement ; tous les services annexes facturés en sus (petit-déjeuner, téléphone, télévision, blanchissage, etc.) doivent être imposés au taux qui leur est propre.

Le régime de la TVA est intéressant puisqu'il vous permet de déduire de la TVA que vous recevez de vos clients sur les loyers et prestations (et que vous reversez à l'État), la TVA que vous avez vous-même payée lors de vos achats (logement si acquis neuf ou grosse réhabilitation, achat de nourriture, de meubles, de vaisselle, abonnement téléphonique, etc.).

Tout au long de l'année, vous devez faire ressortir la TVA de l'intégralité des factures émises et reçues liées à cette location. En fin d'année, vous opérez une soustraction entre la TVA payée sur vos achats et celle perçue sur la mise en location. Si le résultat est positif, le fisc vous rembourse cette somme : c'est le « crédit de TVA ». Si le résultat est négatif, vous devez reverser le complément au fisc.

Vous aurez donc compris que le régime de TVA n'est intéressant que si vous avez un montant important de TVA à déduire.

Conseil

Avant de vous lancer dans une activité de loueur en meublé para-hôtelier, il est très souhaitable de prendre conseil auprès d'un comptable ou d'un fiscaliste.

La Contribution sur les Revenus Locatifs (CRL)

La CRL est un impôt applicable aux revenus tirés de la location de locaux situés dans des immeubles achevés depuis plus de quinze ans. La contribution est calculée au taux de 2,50 % sur le loyer hors charges perçu au cours de l'année d'imposition. Elle est à la charge du propriétaire.

À savoir

La CRL est maintenant supprimée pour tous les propriétaires personnes physiques (ceux qui gèrent directement leur patrimoine) ! La CRL ne concerne plus que les sociétés soumises à l'impôt sur les sociétés (IS).

Questions – réponses

Bailleur en meublé, je viens de recevoir un avis d'imposition pour la contribution économique territoriale (CET). Suis-je redevable de ce nouvel impôt ?

La contribution économique territoriale est en vigueur depuis le 1er janvier 2010 : cet impôt remplace depuis cette date la taxe professionnelle. Aux yeux de l'administration fiscale, la location meublée est une activité commerciale. À ce titre, les loueurs en meublé sont redevables de cet impôt alors même que l'activité est exercée à titre non professionnel.

La taxe d'enlèvement des ordures ménagères est-elle récupérable ?

La taxe d'enlèvement des ordures ménagères est un impôt qui figure sur l'avis de taxe foncière et qui est payé par le propriétaire. Toutefois, le décret n° 87-713 du 26 août 1987 permet au propriétaire qui loue en vide de récupérer le montant de la taxe d'enlèvement des ordures ménagères sur le locataire. Le montant de la taxe doit donc être pris en compte dans le calcul de la provision. En meublé, c'est le contrat qui doit prévoir le caractère récupérable de la taxe (pour plus de simplicité, nous vous conseillons de rendre le décret n° 87-713 applicable).

Je loue des logements meublés à l'année. On m'a dit que la location de logements meublés est une activité commerciale. Suis-je soumis à la taxe sur la valeur ajoutée ?

La location meublée est considérée par l'administration fiscale comme une activité commerciale. À ce titre, elle est en principe soumise à la taxe sur la valeur ajoutée. La location est assujettie à la TVA si elle s'accompagne d'au moins trois des quatre prestations para-hôtelières suivantes :

- petit-déjeuner ;
- nettoyage régulier des locaux ;
- fourniture de linge de maison ;
- réception, même non personnalisée, de la clientèle.

En effet, ces services annexes transforment en fait la location en un service quasi hôtelier.

Sont donc essentiellement concernées par la TVA les locations saisonnières et les locations meublées dans les résidences avec services.

Dans ce cas, la TVA est une TVA au taux réduit de 5,5 % qui s'applique à la fourniture du logement ; tous les services annexes facturés en sus (petit-déjeuner, téléphone, télévision, blanchissage, etc.) doivent être imposés au taux qui leur est propre.

Annexes

L'ensemble de la réglementation est disponible en accès libre et gratuit sur le site www.legifrance.fr.

Code civil

Article 1590 - Si la promesse de vendre a été faite avec des arrhes chacun des contractants est maître de s'en départir :
– celui qui les a données, en les perdant ;
– et celui qui les a reçues, en restituant le double.

Article 1719 - Le bailleur est obligé, par la nature du contrat, et sans qu'il soit besoin d'aucune stipulation particulière :

1° de délivrer au preneur la chose louée et, s'il s'agit de son habitation principale, un logement décent. Lorsque des locaux loués à usage d'habitation sont impropres à cet usage, le bailleur ne peut se prévaloir de la nullité du bail ou de sa résiliation pour demander l'expulsion de l'occupant ;

2° d'entretenir cette chose en état de servir à l'usage pour lequel elle a été louée ;

3° d'en faire jouir paisiblement le preneur pendant la durée du bail ;

4° d'assurer également la permanence et la qualité des plantations.

Article 1720 - Le bailleur est tenu de délivrer la chose en bon état de réparations de toute espèce.

Il doit y faire, pendant la durée du bail, toutes les réparations qui peuvent devenir nécessaires, autres que les locatives.

Article 1724 - Si, durant le bail, la chose louée a besoin de réparations urgentes et qui ne puissent être différées jusqu'à sa fin, le preneur doit les souffrir, quelque incommodité qu'elles lui causent, et quoiqu'il soit privé, pendant qu'elles se font, d'une partie de la chose louée.

Mais, si ces réparations durent plus de quarante jours, le prix du bail sera diminué à proportion du temps et de la partie de la chose louée dont il aura été privé.

Si les réparations sont de telle nature qu'elles rendent inhabitable ce qui est nécessaire au logement du preneur et de sa famille, celui-ci pourra faire résilier le bail.

Article 1728 - Le preneur est tenu de deux obligations principales :

1° d'user de la chose louée en bon père de famille, et suivant la destination qui lui a été donnée par le bail, ou suivant celle présumée d'après les circonstances, à défaut de convention ;

2° de payer le prix du bail aux termes convenus.

Article 1730 - S'il a été fait un état des lieux entre le bailleur et le preneur, celui-ci doit rendre la chose telle qu'il l'a reçue, suivant cet état, excepté ce qui a péri ou a été dégradé par vétusté ou force majeure.

Article 1732 - Il répond des dégradations ou des pertes qui arrivent pendant sa jouissance, à moins qu'il ne prouve qu'elles ont eu lieu sans sa faute.

Article 1751 - Le droit au bail du local, sans caractère professionnel ou commercial, qui sert effectivement à l'habitation de deux époux est, quel que soit leur régime matrimonial et nonobstant toute convention contraire, et même si le bail a été conclu avant le mariage, réputé appartenir à l'un et à l'autre des époux.

En cas de divorce ou de séparation de corps, ce droit pourra être attribué, en considération des intérêts sociaux et familiaux en cause, par la juridiction saisie de la demande en divorce ou en séparation de corps, à l'un des époux, sous réserve des droits à récompense ou à indemnité au profit de l'autre époux.

En cas de décès d'un des époux, le conjoint survivant co-titulaire du bail dispose d'un droit exclusif sur celui-ci sauf s'il y renonce expressément.

Loi n° 89-462 du 6 juillet 1989

Chapitre I
Dispositions générales

Article 1 - Le droit au logement est un droit fondamental ; il s'exerce dans le cadre des lois qui le régissent.

L'exercice de ce droit implique la liberté de choix pour toute personne de son mode d'habitation grâce au maintien et au développement d'un secteur locatif et d'un secteur d'accession à la propriété ouverts à toutes les catégories sociales.

Aucune personne ne peut se voir refuser la location d'un logement en raison de son origine, son patronyme, son apparence physique, son sexe, sa situation de famille, son état de santé, son handicap, ses mœurs, son orientation sexuelle, ses opinions politiques, ses activités syndicales ou son appartenance ou sa non-appartenance vraie ou supposée à une ethnie, une nation, une race ou une religion déterminée.

En cas de litige relatif à l'application de l'alinéa précédent, la personne s'étant vu refuser la location d'un logement présente des éléments de fait laissant supposer l'existence d'une discrimination directe ou indirecte. Au vu de ces éléments, il incombe à la partie défenderesse de prouver que sa décision est justifiée. Le juge forme sa conviction après avoir ordonné, en cas de besoin, toutes les mesures d'instruction qu'il estime utiles.

Les droits et obligations réciproques des bailleurs et des locataires doivent être équilibrés dans leurs relations individuelles comme dans leurs relations collectives.

Article 2 - Les dispositions du présent titre sont d'ordre public. Elles s'appliquent aux locations de locaux à usage d'habitation principale ou à usage mixte professionnel et d'habitation principale ainsi qu'aux garages, places de stationnement, jardins et autres locaux, loués accessoirement au local principal par le même bailleur.

Toutefois, elles ne s'appliquent ni aux locations à caractère saisonnier, à l'exception de l'article 3-1, ni aux logements foyers, à l'exception des deux premiers alinéas de l'article 6 et de l'article 20-1. Elles ne s'appliquent pas non plus, à l'exception de l'article 3-1, des deux premiers alinéas de l'article 6 et de l'article 20-1, aux locaux meublés, aux logements attribués ou loués en raison de l'exercice d'une fonction ou de l'occupation d'un emploi, aux locations consenties aux travailleurs saisonniers.

Article 3 - Le contrat de location est établi par écrit. Il doit préciser :
- le nom ou la dénomination du bailleur et son domicile ou son siège social, ainsi que, le cas échéant, ceux de son mandataire ;
- la date de prise d'effet et la durée ;
- la consistance et la destination de la chose louée ;
- la désignation des locaux et équipements d'usage privatif dont le locataire a la jouissance exclusive et, le cas échéant, l'énumération des parties, équipements et accessoires de l'immeuble qui font l'objet d'un usage commun ;
- le montant du loyer, ses modalités de paiement ainsi que ses règles de révision éventuelle ;
- le montant du dépôt de garantie, si celui-ci est prévu.

Le contrat de location précise la surface habitable de la chose louée.

Un état des lieux établi lors de la remise et de la restitution des clés est joint au contrat. Il est établi par les parties, ou par un tiers mandaté par elles, contradictoirement et amiablement. En cas d'intervention d'un tiers, les honoraires négociés ne sont laissés ni directement, ni indirectement à la charge du locataire.

Si l'état des lieux ne peut être établi dans les conditions prévues au neuvième alinéa, il l'est, sur l'initiative de la partie la plus diligente, par un huissier de justice à frais partagés par moitié entre le bailleur et le locataire et à un coût fixé par décret en Conseil d'État. Dans ce cas, les parties en sont avisées par lui au moins sept jours à l'avance, par lettre recommandée avec demande d'avis de réception.

À défaut d'état des lieux, la présomption établie par l'article 1731 du Code civil ne peut être invoquée par celle des parties qui a fait obstacle à l'établissement de l'acte.

Pendant le premier mois de la période de chauffe, le locataire peut demander que l'état des lieux soit complété par l'état des éléments de chauffage.

Lorsque la détermination du montant du loyer est subordonnée à la présentation par le bailleur de références aux loyers habituellement pratiqués dans le voisinage pour des logements comparables dans les conditions prévues à l'article 19, ces références sont jointes au contrat ainsi que les termes dudit article.

Lorsque l'immeuble est soumis au statut de la copropriété, le copropriétaire bailleur est tenu de communiquer au locataire les extraits du règlement de copropriété concernant la destination de l'immeuble, la jouissance et l'usage des parties privatives et communes et précisant la quote-part afférente au lot loué dans chacune des catégories de charges.

Le bailleur ne peut pas se prévaloir de la violation des dispositions du présent article.

Chaque partie peut exiger, à tout moment, de l'autre partie, l'établissement d'un contrat conforme aux dispositions du présent article. En cas de mutation à titre gratuit ou

onéreux des locaux, le nouveau bailleur est tenu de notifier au locataire son nom ou sa dénomination et son domicile ou son siège social, ainsi que, le cas échéant, ceux de son mandataire.

Article 3-1 - Un dossier de diagnostic technique, fourni par le bailleur, est annexé au contrat de location lors de sa signature ou de son renouvellement et comprend :

a) à compter du 1er juillet 2007, le diagnostic de performance énergétique prévu à l'article L. 134-1 du Code de la construction et de l'habitation ;

b) à compter du 12 août 2008, le constat de risque d'exposition au plomb prévu à l'article L. 1334-5 et L. 1334-7 du Code de la santé publique.

Dans les zones mentionnées au I de l'article L. 125-5 du Code de l'environnement et à compter de la date fixée par le décret prévu au VI du même article, le dossier de diagnostic technique est complété à chaque changement de locataire par l'état des risques naturels et technologiques.

Le locataire ne peut se prévaloir à l'encontre du bailleur des informations contenues dans le diagnostic de performance énergétique qui n'a qu'une valeur informative.

À compter du 1er juillet 2007, le propriétaire bailleur tient le diagnostic de performance énergétique à la disposition de tout candidat locataire.

Article 3-2 - Une information sur les modalités de réception des services de télévision dans l'immeuble est fournie par le bailleur et annexée au contrat de location lors de sa signature ou de son renouvellement. Elle comprend :

a) une information sur la possibilité ou non de recevoir les services de télévision par voie hertzienne ;

b) lorsqu'un réseau de communications électroniques interne à l'immeuble distribue des services de télévision, une information qui précise si l'installation permet ou non l'accès aux services nationaux en clair de télévision par voie hertzienne terrestre en mode numérique ou s'il faut s'adresser au distributeur de services pour bénéficier du « service antenne » numérique, tel que prévu au deuxième alinéa de l'article 34-1 de la loi n° 86-1067 du 30 septembre 1986 relative à la liberté de communication ;

c) dans le dernier cas prévu par le b, une information qui précise les coordonnées du distributeur de services auquel le locataire doit s'adresser pour bénéficier du « service antenne » numérique, tel que prévu au deuxième alinéa de l'article 34-1 de la loi n° 86-1067 du 30 septembre 1986 précitée.

Le locataire ne peut se prévaloir à l'encontre du bailleur de ces informations qui n'ont qu'une valeur informative.

Article 4 - Est réputée non écrite toute clause :

a) qui oblige le locataire, en vue de la vente ou de la location du local loué, à laisser visiter celui-ci les jours fériés ou plus de deux heures les jours ouvrables ;

b) par laquelle le locataire est obligé de souscrire une assurance auprès d'une compagnie choisie par le bailleur ;

c) qui impose comme mode de paiement du loyer l'ordre de prélèvement automatique sur le compte-courant du locataire ou la signature par avance de traites ou de billets à ordre ;

d) par laquelle le locataire autorise le bailleur à prélever ou à faire prélever les loyers directement sur son salaire dans la limite cessible ;

e) qui prévoit la responsabilité collective des locataires en cas de dégradation d'un élément commun de la chose louée ;

f) par laquelle le locataire s'engage par avance à des remboursements sur la base d'une estimation faite unilatéralement par le bailleur au titre des réparations locatives ;

g) qui prévoit la résiliation de plein droit du contrat en cas d'inexécution des obligations du locataire pour un motif autre que le non-paiement du loyer, des charges, du dépôt de garantie, la non-souscription d'une assurance des risques locatifs ou le non-respect de l'obligation d'user paisiblement des locaux loués, résultant de troubles de voisinage constatés par une décision de justice passée en force de chose jugée ;

h) qui autorise le bailleur à diminuer ou à supprimer, sans contrepartie équivalente, des prestations stipulées au contrat ;

i) qui autorise le bailleur à percevoir des amendes en cas d'infraction aux clauses d'un contrat de location ou d'un règlement intérieur à l'immeuble ;

j) qui interdit au locataire l'exercice d'une activité politique, syndicale, associative ou confessionnelle ;

k) qui impose au locataire la facturation de l'état des lieux dès lors que celui-ci n'est pas établi par un huissier de justice dans le cas prévu par l'article 3 ;

l) qui prévoit le renouvellement du bail par tacite reconduction pour une durée inférieure à celle prévue à l'article 10 ;

m) qui interdit au locataire de rechercher la responsabilité du bailleur ou qui exonère le bailleur de toute responsabilité ;

n) qui interdit au locataire d'héberger des personnes ne vivant pas habituellement avec lui ;

o) qui impose au locataire le versement, lors de l'entrée dans les lieux, de sommes d'argent en plus de celles prévues aux articles 5 et 22 ;

p) qui fait supporter au locataire des frais de relance ou d'expédition de la quittance ainsi que les frais de procédure en plus des sommes versées au titre des dépens et de l'article 700 du Code de procédure civile ;

q) qui prévoit que le locataire est automatiquement responsable des dégradations constatées dans le logement ;

r) qui interdit au locataire de demander une indemnité au bailleur lorsque ce dernier réalise des travaux d'une durée supérieure à quarante jours ;

s) qui permet au bailleur d'obtenir la résiliation de plein droit du bail au moyen d'une simple ordonnance de référé insusceptible d'appel.

Article 5 - La rémunération des personnes qui se livrent ou prêtent leur concours à l'établissement d'un acte de location d'un immeuble appartenant à autrui tel que défini à l'article 2 est partagée par moitié entre le bailleur et le locataire.

Article 6 - Le bailleur est tenu de remettre au locataire un logement décent ne laissant pas apparaître de risques manifestes pouvant porter atteinte à la sécurité physique ou à la santé et doté des éléments le rendant conforme à l'usage d'habitation.

Les caractéristiques correspondantes sont définies par décret en Conseil d'État pour les locaux à usage d'habitation principale ou à usage mixte mentionnés au premier alinéa de l'article 2 et les locaux visés au deuxième alinéa du même article, à l'exception des logements foyers et des logements destinés aux travailleurs agricoles qui sont soumis à des règlements spécifiques.

Le bailleur est obligé :

a) de délivrer au locataire le logement en bon état d'usage et de réparation ainsi que les équipements mentionnés au contrat de location en bon état de fonctionnement ; toutefois, les parties peuvent convenir par une clause expresse des travaux que le locataire exécutera ou fera exécuter et des modalités de leur imputation sur le loyer ; cette clause prévoit la durée de cette imputation et, en cas de départ anticipé du locataire, les modalités de son dédommagement sur justification des dépenses effectuées ; une telle clause ne peut concerner que des logements répondant aux caractéristiques définies en application des premier et deuxième alinéas ;

b) d'assurer au locataire la jouissance paisible du logement et, sans préjudice des dispositions de l'article 1721 du Code civil, de le garantir des vices ou défauts de nature à y faire obstacle hormis ceux qui, consignés dans l'état des lieux, auraient fait l'objet de la clause expresse mentionnée au a ci-dessus ;

c) d'entretenir les locaux en état de servir à l'usage prévu par le contrat et d'y faire toutes les réparations, autres que locatives, nécessaires au maintien en état et à l'entretien normal des locaux loués ;

d) de ne pas s'opposer aux aménagements réalisés par le locataire, dès lors que ceux-ci ne constituent pas une transformation de la chose louée.

Article 6-1 - Après mise en demeure dûment motivée, les propriétaires des locaux à usage d'habitation doivent, sauf motif légitime, utiliser les droits dont ils disposent en propre afin de faire cesser les troubles de voisinage causés à des tiers par les personnes qui occupent ces locaux.

Article 7 - Le locataire est obligé :

a) de payer le loyer et les charges récupérables aux termes convenus ; le paiement mensuel est de droit lorsque le locataire en fait la demande ;

b) d'user paisiblement des locaux loués suivant la destination qui leur a été donnée par le contrat de location ;

c) de répondre des dégradations et pertes qui surviennent pendant la durée du contrat dans les locaux dont il a la jouis-sance exclusive, à moins qu'il ne prouve qu'elles ont eu lieu par cas de force majeure, par la faute du bailleur ou par le fait d'un tiers qu'il n'a pas introduit dans le logement ;

d) de prendre à sa charge l'entretien cou-rant du logement, des équipements mentionnés au contrat et les menues réparations ainsi que l'ensemble des réparations locatives définies par décret en Conseil d'État, sauf si elles sont occasionnées par vétusté, malfaçon, vice de construction, cas fortuit ou force majeure ;

e) de laisser exécuter dans les lieux loués les travaux d'amélioration des parties communes ou des parties privatives du même immeuble, les travaux nécessaires au maintien en état, à l'entretien nor-mal des locaux loués, ainsi que les tra-vaux d'amélioration de la performance énergétique à réaliser dans ces locaux ; les dispositions des deuxième et troi-sième alinéas de l'article 1724 du Code civil sont applicables à ces travaux ;

f) de ne pas transformer les locaux et équipements loués sans l'accord écrit du propriétaire ; à défaut de cet accord, ce dernier peut exiger du locataire, à son départ des lieux, leur remise en l'état ou conserver à son bénéfice les transformations effectuées sans que le locataire puisse réclamer une indemni-sation des frais engagés ; le bailleur a toutefois la faculté d'exiger aux frais du locataire la remise immédiate des lieux en l'état lorsque les transformations mettent en péril le bon fonctionnement des équipements ou la sécurité du local ;

g) de s'assurer contre les risques dont il doit répondre en sa qualité de locataire et d'en justifier lors de la remise des clés puis, chaque année, à la demande du bailleur. La justification de cette assu-rance résulte de la remise au bailleur d'une attestation de l'assureur ou de son représentant.

Toute clause prévoyant la résiliation de plein droit du contrat de location pour défaut d'assurance du locataire ne produit effet qu'un mois après un commandement demeuré infructueux. Ce commandement reproduit, à peine de nullité, les dispositions du présent paragraphe.

Article 8 - Le locataire ne peut ni céder le contrat de location, ni sous-louer le loge-ment sauf avec l'accord écrit du bailleur, y compris sur le prix du loyer. Le prix du loyer au mètre carré de surface habitable des locaux sous-loués ne peut excéder celui payé par le locataire principal.

En cas de cessation du contrat principal, le sous-locataire ne peut se prévaloir d'aucun droit à l'encontre du bailleur ni d'aucun titre d'occupation.

Les autres dispositions de la présente loi ne sont pas applicables au contrat de sous-loca-tion.

Article 9 - Lorsque deux locataires occu-pant deux logements appartenant au même propriétaire et situés dans un même ensem-ble immobilier demandent à procéder à un échange de logements entre eux, cet échange est de droit dès lors que l'une des deux familles concernées comporte au moins trois enfants et que l'échange a pour conséquence d'accroître la surface du loge-ment occupé par la famille la plus nom-breuse.

Dans les contrats en cours, chaque locataire se substitue de plein droit à celui auquel il succède et ne peut être considéré comme un nouvel entrant.

Ces dispositions ne sont pas applicables lorsque l'un des deux ou les deux loge-ments sont soumis aux dispositions du chapitre III du titre Ier de la loi n° 48-1360 du 1er septembre 1948 portant modification et codification de la législation relative aux rapports des bailleurs et locataires ou occupants des locaux à usage d'habitation ou à usage professionnel et instituant des allocations de logement.

Article 9-1 - Nonobstant les dispositions des articles 515-4 et 1751 du Code civil, les notifications ou significations faites en application du présent titre par le bailleur sont de plein droit opposables au partenaire lié par un pacte civil de solidarité au locataire ou au conjoint du locataire si l'existence de ce partenaire ou de ce conjoint n'a pas été préalablement portée à la connaissance du bailleur.

Chapitre II
De la durée du contrat de location

Article 10 - Le contrat de location est conclu pour une durée au moins égale à trois ans pour les bailleurs personnes physiques ainsi que pour les bailleurs définis à l'article 13 et à six ans pour les bailleurs personnes morales.

Si le bailleur ne donne pas congé dans les conditions de forme et de délai prévues à l'article 15, le contrat de location parvenu à son terme est soit reconduit tacitement, soit renouvelé.

En cas de reconduction tacite, la durée du contrat reconduit est de trois ans pour les bailleurs personnes physiques ainsi que pour les bailleurs définis à l'article 13, et de six ans pour les bailleurs personnes morales.

En cas de renouvellement, la durée du contrat renouvelé est au moins égale à celles définies au premier alinéa du présent article. L'offre de renouvellement est présentée dans les conditions de forme et de délai prévues pour le congé, à l'article 15. Le loyer du contrat renouvelé est défini selon les modalités prévues au c de l'article 17.

À titre dérogatoire, après l'accord exprès des parties, le contrat de location peut être renouvelé avant l'expiration du bail en cours quand le propriétaire a signé avec l'Agence nationale de l'habitat une convention avec travaux mentionnée aux articles L. 321-4 et L. 321-8 du Code de la construction et de l'habitation, et sous réserve que les ressources du locataire en place soient conformes aux plafonds prévus par cette convention. L'offre de renouvellement est présentée dans le délai de trois mois après l'accord des parties et dans les formes prévues à l'article 15 de la présente loi pour le congé. Le montant du loyer fixé par le contrat de location renouvelé doit être alors fixé selon les règles applicables au conventionnement des logements avec l'Agence nationale de l'habitat.

Article 11 - Quand un événement précis justifie que le bailleur personne physique ait à reprendre le local pour des raisons professionnelles ou familiales, les parties peuvent conclure un contrat d'une durée inférieure à trois ans mais d'au moins un an. Le contrat doit mentionner les raisons et l'événement invoqués.

Par dérogation aux conditions de délai prévues à l'article 15, le bailleur confirme, deux mois au moins avant le terme du contrat, la réalisation de l'événement.

Dans le même délai, le bailleur peut proposer le report du terme du contrat si la réalisation de l'événement est différée. Il ne peut user de cette faculté qu'une seule fois.

Lorsque l'événement s'est produit et est confirmé, le locataire est déchu de plein droit de tout titre d'occupation du local au terme prévu dans le contrat.

Lorsque l'événement ne s'est pas produit ou n'est pas confirmé, le contrat de location est réputé être de trois ans.

Si le contrat prévu au présent article fait suite à un contrat de location conclu avec le même locataire pour le même local, le montant du nouveau loyer ne peut être supérieur à celui de l'ancien éventuellement révisé conformément au deuxième alinéa du d de l'article 17.

Article 11-1 - Quand un congé pour vente conforme aux dispositions de l'article 15 est délivré par un bailleur relevant de secteurs locatifs définis aux quatrième et cinquième alinéas de l'article 41 ter de la loi n° 86-1290 du 23 décembre 1986 précitée, dans le cadre d'une vente par lots de plus de dix logements dans le même immeuble, le bail peut être expressément reconduit pour une durée inférieure à celle prévue par l'article 10. Quand ce congé pour vente intervient moins de deux ans avant le terme du bail, la reconduction du bail est de droit, à la demande du locataire, afin de lui permettre, dans tous les cas, de disposer du logement qu'il occupe pendant une durée de deux ans à compter de la notification du congé pour vente.

La reconduction du bail est établie par écrit entre les parties au plus tard quatre mois avant l'expiration du bail en cours. À l'expiration de la durée fixée par les parties pour le bail reconduit, celui-ci est résilié de plein droit.

Article 12 - Le locataire peut résilier le contrat de location à tout moment, dans les conditions de forme et de délai prévues au deuxième alinéa du paragraphe I de l'article 15.

Article 13 - Les dispositions de l'article 11 et de l'article 15 peuvent être invoquées :
a) lorsque le bailleur est une société civile constituée exclusivement entre parents et alliés jusqu'au quatrième degré inclus, par la société au profit de l'un des associés ;
b) lorsque le logement est en indivision, par tout membre de l'indivision.

Article 14 - En cas d'abandon du domicile par le locataire, le contrat de location continue :
– au profit du conjoint sans préjudice de l'article 1751 du Code civil ;
– au profit des descendants qui vivaient avec lui depuis au moins un an à la date de l'abandon du domicile ;
– au profit du partenaire lié au locataire par un pacte civil de solidarité ;
– au profit des ascendants, du concubin notoire ou des personnes à charge, qui vivaient avec lui depuis au moins un an à la date de l'abandon du domicile.

Lors du décès du locataire, le contrat de location est transféré :
– au conjoint survivant qui ne peut se prévaloir des dispositions de l'article 1751 du Code civil ;
– aux descendants qui vivaient avec lui depuis au moins un an à la date du décès ;
– au partenaire lié au locataire par un pacte civil de solidarité ;
– aux ascendants, au concubin notoire ou aux personnes à charge, qui vivaient avec lui depuis au moins un an à la date du décès.

En cas de demandes multiples, le juge se prononce en fonction des intérêts en présence.

À défaut de personnes remplissant les conditions prévues au présent article, le contrat de location est résilié de plein droit par le décès du locataire ou par l'abandon du domicile par ce dernier.

Article 14-1 - Lorsque des éléments laissent supposer que le logement est abandonné par ses occupants, le bailleur peut mettre en demeure le locataire de justifier qu'il occupe le logement.

Cette mise en demeure, faite par acte d'huissier de justice, peut être contenue dans un des commandements visés aux articles 7 et 24.

S'il n'a pas été déféré à cette mise en demeure un mois après signification, l'huissier de justice peut procéder comme il est dit aux premier et deuxième alinéas de l'article 21 de la loi n° 91-650 du 9 juillet 1991 portant réforme des procédures civiles d'exécution pour constater l'état d'abandon du logement.

Pour établir l'état d'abandon du logement en vue de voir constater par le juge la résiliation du bail, l'huissier de justice dresse un procès-verbal des opérations. Si le logement lui semble abandonné, ce procès-verbal contient un inventaire des biens laissés sur place, avec l'indication qu'ils paraissent ou non avoir valeur marchande.

La résiliation du bail est constatée par le juge dans des conditions prévues par voie réglementaire.

Article 15 –

I.- Lorsque le bailleur donne congé à son locataire, ce congé doit être justifié soit par sa décision de reprendre ou de vendre le logement, soit par un motif légitime et sérieux, notamment l'inexécution par le locataire de l'une des obligations lui incombant. À peine de nullité, le congé donné par le bailleur doit indiquer le motif allégué et, en cas de reprise, les nom et adresse du bénéficiaire de la reprise qui ne peut être que le bailleur, son conjoint, le partenaire auquel il est lié par un pacte civil de solidarité enregistré à la date du congé, son concubin notoire depuis au moins un an à la date du congé, ses ascendants, ses descendants ou ceux de son conjoint, de son partenaire ou de son concubin notoire.

Le délai de préavis applicable au congé est de trois mois lorsqu'il émane du locataire et de six mois lorsqu'il émane du bailleur. Toutefois, en cas d'obtention d'un premier emploi, de mutation, de perte d'emploi ou de nouvel emploi consécutif à une perte d'emploi, le locataire peut donner congé au bailleur avec un délai de préavis d'un mois. Le délai est également réduit à un mois en faveur des locataires âgés de plus de soixante ans dont l'état de santé justifie un changement de domicile ainsi que des bénéficiaires du revenu minimum d'insertion ou du revenu de solidarité active. Le congé doit être notifié par lettre recommandée avec demande d'avis de réception ou signifié par acte d'huissier. Ce délai court à compter du jour de la réception de la lettre recommandée ou de la signification de l'acte d'huissier.

Pendant le délai de préavis, le locataire n'est redevable du loyer et des charges que pour le temps où il a occupé réellement les lieux si le congé a été notifié par le bailleur. Il est redevable du loyer et des charges concernant tout le délai de préavis si c'est lui qui a notifié le congé, sauf si le logement se trouve occupé avant la fin du préavis par un autre locataire en accord avec le bailleur.

À l'expiration du délai de préavis, le locataire est déchu de tout titre d'occupation des locaux loués.

II.- Lorsqu'il est fondé sur la décision de vendre le logement, le congé doit, à peine de nullité, indiquer le prix et les conditions de la vente projetée. Le congé vaut offre de vente au profit du locataire : l'offre est valable pendant les deux premiers mois du délai de préavis. Les dispositions de l'article 46 de la loi n° 65-557 du 10 juillet 1965 fixant le statut de la copropriété des immeubles bâtis ne sont pas applicables au congé fondé sur la décision de vendre le logement.

À l'expiration du délai de préavis, le locataire qui n'a pas accepté l'offre de vente est déchu de plein droit de tout titre d'occupation sur le local.

Le locataire qui accepte l'offre dispose, à compter de la date d'envoi de sa réponse au bailleur, d'un délai de deux mois pour la réalisation de l'acte de vente. Si, dans sa réponse, il notifie son intention de recourir à un prêt, l'acceptation par le locataire de l'offre de vente est subordonnée à l'obtention du prêt et le délai de réalisation de la vente est porté à quatre mois. Le contrat de location est prorogé jusqu'à l'expiration du délai de réalisation de la vente. Si, à l'expiration de ce délai, la vente n'a pas été réalisée, l'acceptation de l'offre de vente est nulle de plein droit et le locataire est déchu de plein droit de tout titre d'occupation.

Dans le cas où le propriétaire décide de vendre à des conditions ou à un prix plus avantageux pour l'acquéreur, le notaire doit, lorsque le bailleur n'y a pas préalablement procédé, notifier au locataire ces conditions et prix à peine de nullité de la vente. Cette notification est effectuée à l'adresse indiquée à cet effet par le locataire au bailleur ; si le locataire n'a pas fait connaître cette adresse au bailleur, la notification est effectuée à l'adresse des locaux dont la location avait été consentie. Elle vaut offre de vente au profit du locataire. Cette offre est valable pendant une durée d'un mois à compter de sa réception. L'offre qui n'a pas été acceptée dans le délai d'un mois est caduque.

Le locataire qui accepte l'offre ainsi notifiée dispose, à compter de la date d'envoi de sa réponse au bailleur ou au notaire, d'un délai de deux mois pour la réalisation de l'acte de vente. Si, dans sa réponse, il notifie son intention de recourir à un prêt, l'acceptation par le locataire de l'offre de vente est subordonnée à l'obtention du prêt et le délai de réalisation de la vente est porté à quatre mois. Si, à l'expiration de ce délai, la vente n'a pas été réalisée, l'acceptation de l'offre de vente est nulle de plein droit.

Les termes des cinq alinéas précédents sont reproduits à peine de nullité dans chaque notification.

Ces dispositions ne sont pas applicables aux actes intervenant entre parents jusqu'au quatrième degré inclus, sous la condition que l'acquéreur occupe le logement pendant une durée qui ne peut être inférieure à deux ans à compter de l'expiration du délai de préavis, ni aux actes portant sur les immeubles mentionnés au deuxième alinéa de l'article L. 111-6-1 du Code de la construction et de l'habitation.

Dans les cas de congés pour vente prévus à l'article 11-1, l'offre de vente au profit du locataire est dissociée du congé. En outre, le non-respect de l'une des obligations relatives au congé pour vente d'un accord conclu en application de l'article 41 ter de la loi n° 86-1290 du 23 décembre 1986 tendant à favoriser l'investissement locatif, l'accession à la propriété de logements sociaux et le développement de l'offre foncière, et rendu obligatoire par décret, donne lieu à l'annulation du congé.

Est nul de plein droit le congé pour vente délivré au locataire en violation de l'engagement de prorogation des contrats de bail en cours, mentionné au premier alinéa du A du I de l'article 10-1 de la loi n° 75-1351 du 31 décembre 1975 relative à la protection des occupants de locaux à usage d'habitation.

III.- Le bailleur ne peut s'opposer au renouvellement du contrat en donnant congé dans les conditions définies au paragraphe I ci-dessus à l'égard de tout locataire âgé de plus de soixante-dix ans et dont les ressources annuelles sont inférieures à une fois et demie le montant annuel du salaire minimum de croissance, sans qu'un logement correspondant à ses besoins et à ses possibilités lui soit offert dans les limites géographiques prévues à l'article 13 bis de la loi n° 48-1360 du 1er septembre 1948 précitée.

Toutefois, les dispositions de l'alinéa précédent ne sont pas applicables lorsque le bailleur est une personne physique âgée de plus de soixante ans ou si ses ressources annuelles sont inférieures à une fois et demie le montant annuel du salaire minimum de croissance.

L'âge du locataire et celui du bailleur sont appréciés à la date d'échéance du contrat ; le montant de leurs ressources est apprécié à la date de notification du congé.

238

Chapitre III
Du loyer, des charges et du règlement des litiges

Article 16 - Les données statistiques nécessaires à la détermination des références mentionnées aux articles 17 et 19 peuvent être recueillies et diffusées, pour chaque département, par des observatoires des loyers agréés à cette fin par le ministre chargé du logement. Cet agrément peut également être accordé à des observatoires des loyers exerçant leur activité pour l'ensemble d'une agglomération.

L'agrément mentionné à l'alinéa précédent n'est accordé, dans des conditions fixées par décret, qu'aux observatoires dont les statuts assurent la représentation équitable des bailleurs, des locataires, des gestionnaires au sein de leurs organes dirigeants.

Les observatoires des loyers fournissent aux commissions départementales de conciliation et aux juges qui en font la demande, les éléments d'information en leur possession permettant à ceux-ci de favoriser la conciliation des parties ou de trancher un litige.

Article 17 –

a) Le loyer :

- des logements neufs ;
- des logements vacants ayant fait l'objet de travaux de mise ou de remise en conformité avec les caractéristiques définies en application des premier et deuxième alinéas de l'article 6 ;
- des logements conformes aux normes définies par ledit décret, faisant l'objet d'une première location ou, s'ils sont vacants, ayant fait l'objet depuis moins de six mois de travaux d'amélioration portant sur les parties privatives ou communes, d'un montant au moins égal à une année du loyer antérieur, est fixé librement entre les parties.

b) Le loyer des logements vacants ou faisant l'objet d'une première location qui ne sont pas visés au a ci-dessus est fixé par référence aux loyers habituellement constatés dans le voisinage pour des logements comparables dans les conditions définies à l'article 19, s'il est supérieur au dernier loyer exigé du précédent locataire.

Les dispositions de l'alinéa précédent sont applicables jusqu'au 31 juillet 1997. Avant cette date, le gouvernement présentera au Parlement un rapport d'exécution permettant d'établir la comparaison entre l'évolution des loyers des logements vacants selon qu'ils relèvent du a) ou du b) du présent article.

Toutefois, le gouvernement présentera au Parlement, dans un délai d'un an à compter de la promulgation de la loi n° 92-722 du 29 juillet 1992 portant adaptation de la loi n° 88-1088 du 1er décembre 1988 relative au minimum d'insertion et relative à la lutte contre la pauvreté et l'exclusion sociale et professionnelle, un rapport d'information sur les logements vacants dans les agglomérations de plus de 200 000 habitants au sens du recensement général de la population, spécifiant, entre autres, les motifs et la durée de la vacance.

En cas de non-respect par le bailleur des dispositions de l'article 19, le locataire dispose, sans qu'il soit porté atteinte à la validité du contrat en cours, d'un délai de deux mois pour contester le montant du loyer auprès de la commission de conciliation.

À défaut d'accord constaté par la commission, le juge, saisi par l'une ou l'autre des parties, fixe le loyer.

c) Lors du renouvellement du contrat, le loyer ne donne lieu à réévaluation que s'il est manifestement sous-évalué.

Dans ce cas, le bailleur peut proposer au locataire, au moins six mois avant le terme du contrat et dans les conditions de forme prévues à l'article 15, un nouveau loyer fixé par référence aux loyers habituellement constatés dans le voisinage pour des logements comparables dans les conditions définies à l'article 19.

Lorsque le bailleur fait application des dispositions du présent c), il ne peut donner congé au locataire pour la même échéance du contrat.

La notification reproduit intégralement, à peine de nullité, les dispositions des alinéas du présent c) et mentionne le montant du loyer ainsi que la liste des références ayant servi à le déterminer.

En cas de désaccord ou à défaut de réponse du locataire quatre mois avant le terme du contrat, l'une ou l'autre des parties saisit la commission de conciliation.

À défaut d'accord constaté par la commission, le juge est saisi avant le terme du contrat. À défaut de saisine, le contrat est reconduit de plein droit aux conditions antérieures du loyer éventuellement révisé. Le contrat dont le loyer est fixé judiciairement est réputé renouvelé pour la durée définie à l'article 10, à compter de la date d'expiration du contrat. La décision du juge est exécutoire par provision.

La hausse convenue entre les parties ou fixée judiciairement s'applique par tiers ou par sixième selon la durée du contrat.

Toutefois, cette hausse s'applique par sixième annuel au contrat renouvelé, puis lors du renouvellement ultérieur, dès lors qu'elle est supérieure à 10 p. 100 si le premier renouvellement avait une durée inférieure à six ans.

La révision éventuelle résultant du d) ci-dessous s'applique à chaque valeur ainsi définie.

d) Lorsque le contrat de location prévoit la révision du loyer, celle-ci intervient chaque année à la date convenue entre les parties ou, à défaut, au terme de chaque année du contrat.

L'augmentation du loyer qui en résulte ne peut excéder la variation d'un indice de référence des loyers publié par l'Institut national de la statistique et des études économiques chaque trimestre et qui correspond à la moyenne, sur les douze derniers mois, de l'évolution des prix à la consommation hors tabac et hors loyers. À défaut de clause contractuelle fixant la date de référence, cette date est celle du dernier indice publié à la date de signature du contrat de location.

e) Lorsque les parties sont convenues, par une clause expresse, de travaux d'amélioration du logement que le bailleur fera exécuter, le contrat de location ou un avenant à ce contrat fixe la majoration du loyer consécutive à la réalisation de ces travaux.

NOTA : Loi n° 2008-111 du 8 février 2008 article 9 III : l'article 9 I de la présente loi est applicable aux contrats en cours.

Article 18 - Dans la zone géographique où le niveau et l'évolution des loyers comparés à ceux constatés sur l'ensemble du territoire révèlent une situation anormale du marché locatif, un décret en Conseil d'État, pris après avis de la Commission nationale de concertation, peut fixer le montant maximum d'évolution des loyers des logements vacants définis au b) de l'article 17 et des contrats renouvelés définis au c du même article.

Ce décret précise sa durée de validité qui ne peut excéder un an et peut prévoir des adaptations particulières, notamment en cas de travaux réalisés par les bailleurs ou de loyers manifestement sous-évalués.

Article 19 - Pour l'application de l'article 17, les loyers servant de références doivent être représentatifs de l'ensemble des loyers habituellement constatés dans le voisinage pour des logements comparables, situés soit dans le même groupe d'immeubles, soit dans tout autre groupe d'immeubles comportant des caractéristiques similaires et situé dans la même zone géographique. Un décret en Conseil d'État définit les éléments constitutifs de ces références.

Le nombre minimal des références à fournir par le bailleur est de trois. Toutefois, il est de six dans les communes, dont la liste est fixée par décret, faisant partie d'une agglomération de plus d'un million d'habitants.

Les références notifiées par le bailleur doivent comporter, au moins pour deux tiers, des références de locations pour lesquelles il n'y a pas eu de changement de locataire depuis trois ans.

Article 20 - Il est créé auprès du représentant de l'État dans chaque département une Commission départementale de conciliation composée de représentants d'organisations de bailleurs et d'organisations de locataires en nombre égal, dont la compétence porte sur les litiges résultant de l'application des dispositions de l'article 17 de la présente loi et des articles 30 et 31 de la loi n° 86-1290 du 23 décembre 1986 précitée. La commission rend un avis dans le délai de deux mois à compter de sa saisine et s'efforce de concilier les parties.

En outre, sa compétence est étendue à l'examen :
- des litiges portant sur les caractéristiques du logement mentionnées aux premier et deuxième alinéas de l'article 6 ;
- des litiges relatifs à l'état des lieux, au dépôt de garantie, aux charges locatives et aux réparations ;
- des difficultés résultant de l'application des accords collectifs nationaux ou locaux prévus aux articles 41 ter et 42 de la loi

n° 86-1290 du 23 décembre 1986 précitée, de l'application du plan de concertation locative prévu à l'article 44 bis de la même loi et des modalités de fonctionnement de l'immeuble ou du groupe d'immeubles.

Pour le règlement de ces litiges, la Commission départementale de conciliation peut être saisie par le bailleur ou le locataire. Pour le règlement de ces difficultés, elle peut être saisie par le bailleur, plusieurs locataires ou une association représentative de locataires. À défaut de conciliation entre les parties, elle rend un avis qui peut être transmis au juge saisi par l'une ou l'autre des parties.

La composition de la Commission départementale de conciliation, le mode de désignation de ses membres, son organisation et ses règles de fonctionnement sont fixés par décret.

Article 20-1 - Si le logement loué ne satisfait pas aux dispositions des premier et deuxième alinéas de l'article 6, le locataire peut demander au propriétaire leur mise en conformité sans qu'il soit porté atteinte à la validité du contrat en cours. À défaut d'accord entre les parties ou à défaut de réponse du propriétaire dans un délai de deux mois, la Commission départementale de conciliation peut être saisie et rendre un avis dans les conditions fixées à l'article 20. La saisine de la commission ou la remise de son avis ne constitue pas un préalable à la saisine du juge par l'une ou l'autre des parties.

Le juge saisi par l'une ou l'autre des parties détermine, le cas échéant, la nature des travaux à réaliser et le délai de leur exécution. Il peut réduire le montant du loyer ou suspendre, avec ou sans consignation, son paiement et la durée du bail jusqu'à l'exécution de ces travaux. Le juge transmet au représentant de l'État dans le département l'ordonnance ou le jugement constatant que le logement loué ne satisfait pas aux dispositions des premier et deuxième alinéas de l'article 6.

Article 21 - Le bailleur est tenu de transmettre gratuitement une quittance au locataire qui en fait la demande. La quittance porte le détail des sommes versées par le locataire en distinguant le loyer, le droit de bail et les charges.

Si le locataire effectue un paiement partiel, le bailleur est tenu de délivrer un reçu.

Article 22 - Lorsqu'un dépôt de garantie est prévu par le contrat de location pour garantir l'exécution de ses obligations locatives par le locataire, il ne peut être supérieur à un mois de loyer en principal. Au moment de la signature du bail, le dépôt de garantie est versé au bailleur directement par le locataire ou par l'intermédiaire d'un tiers.

Un dépôt de garantie ne peut être prévu lorsque le loyer est payable d'avance pour une période supérieure à deux mois ; toutefois, si le locataire demande le bénéfice du paiement mensuel du loyer, par application de l'article 7, le bailleur peut exiger un dépôt de garantie.

Il est restitué dans un délai maximal de deux mois à compter de la restitution des clés par le locataire, déduction faite, le cas échéant, des sommes restant dues au bailleur et des sommes dont celui-ci pourrait être tenu, aux lieu et place du locataire, sous réserve qu'elles soient dûment justifiées.

Le montant de ce dépôt de garantie ne porte pas intérêt au bénéfice du locataire. Il ne doit faire l'objet d'aucune révision durant l'exécution du contrat de location, éventuellement renouvelé.

À défaut de restitution dans le délai prévu, le solde du dépôt de garantie restant dû au locataire, après arrêté des comptes, produit intérêt au taux légal au profit du locataire.

En cas de mutation à titre gratuit ou onéreux des locaux loués, la restitution du dépôt de garantie incombe au nouveau bailleur. Toute convention contraire n'a d'effet qu'entre les parties à la mutation.

Article 22-1 - Le cautionnement ne peut pas être demandé par un bailleur qui a souscrit une assurance garantissant les obligations locatives du locataire, sauf en cas de logement loué à un étudiant ou un apprenti.

Si le bailleur est une personne morale autre qu'une société civile constituée exclusivement entre parents et alliés jusqu'au quatrième degré inclus, le cautionnement ne peut être demandé que :
– s'il est apporté par un des organismes dont la liste est fixée par décret en Conseil d'État ;
– ou si le logement est loué à un étudiant ne bénéficiant pas d'une bourse de l'enseignement supérieur.

Lorsqu'un cautionnement pour les sommes dont le locataire serait débiteur dans le cadre d'un contrat de location conclu en application du présent titre est exigé par le bailleur, celui-ci ne peut refuser la caution présentée au motif qu'elle ne possède pas la nationalité française ou qu'elle ne réside pas sur le territoire métropolitain.

Lorsque le cautionnement d'obligations résultant d'un contrat de location conclu en application du présent titre ne comporte aucune indication de durée ou lorsque la durée du cautionnement est stipulée indéterminée, la caution peut le résilier unilatéralement. La résiliation prend effet au terme du contrat de location, qu'il s'agisse du contrat initial ou d'un contrat reconduit ou renouvelé, au cours duquel le bailleur reçoit notification de la résiliation.

La personne qui se porte caution fait précéder sa signature de la reproduction manuscrite du montant du loyer et des conditions de sa révision tels qu'ils figurent au contrat de location, de la mention manuscrite exprimant de façon explicite et non équivoque la connaissance qu'elle a de la nature et de l'étendue de l'obligation qu'elle contracte et de la reproduction manuscrite de l'alinéa précédent. Le bailleur remet à la caution un exemplaire du contrat de location. Ces formalités sont prescrites à peine de nullité du cautionnement.

Article 22-1-1 - La garantie autonome prévue à l'article 2321 du Code civil ne peut être souscrite qu'en lieu et place du dépôt de garantie prévu à l'article 22 et que dans la limite du montant résultant des dispositions du premier alinéa de cet article.

Article 22-2 - En préalable à l'établissement du contrat de location, le bailleur ne peut demander au candidat à la location de produire les documents suivants :
– photographie d'identité, hormis celle de la pièce justificative d'identité ;
– carte d'assuré social ;
– copie de relevé de compte bancaire ou postal ;
– attestation de bonne tenue de compte bancaire ou postal ;
– attestation d'absence de crédit en cours ;
– autorisation de prélèvement automatique ;
– jugement de divorce, à l'exception du paragraphe commençant par l'énoncé : « Par ces motifs » ;
– attestation du précédent bailleur indiquant que le locataire est à jour de ses loyers et charges, dès lors que le locataire peut présenter d'autres justificatifs ;
– attestation de l'employeur dès lors qu'il peut être fourni le contrat de travail et les derniers bulletins de salaire ;
– contrat de mariage ;
– certificat de concubinage ;
– chèque de réservation de logement ;
– dossier médical personnel ;
– extrait de casier judiciaire ;
– remise sur un compte bloqué de biens, d'effets, de valeurs ou d'une somme d'argent correspondant à plus d'un mois de loyer en principal en l'absence du dépôt de garantie ou de la souscription de la garantie autonome prévue à l'article 2321 du Code civil ;
– production de plus de deux bilans pour les travailleurs indépendants ;
– copie des informations contenues dans le fichier national des incidents de remboursement des crédits aux particuliers ou de l'information de la non-inscription à ce fichier.

Article 23 - Les charges récupérables, sommes accessoires au loyer principal, sont exigibles sur justification en contrepartie :
1° des services rendus liés à l'usage des différents éléments de la chose louée ;
2° des dépenses d'entretien courant et des menues réparations sur les éléments d'usage commun de la chose louée. Sont notamment récupérables à ce titre les dépenses engagées par le bailleur dans le cadre d'un contrat d'entretien relatif aux ascenseurs et répondant aux conditions de l'article L. 125-2-2 du Code de la construction et de l'habitation, qui concernent les opérations et les vérifications périodiques minimales et la réparation et le remplacement de petites pièces présentant des signes d'usure excessive ainsi que les interventions pour dégager les personnes bloquées en cabine et le dépannage et la remise en fonctionnement normal des appareils ;
3° des impositions qui correspondent à des services dont le locataire profite directement.

La liste de ces charges est fixée par décret en Conseil d'État. Il peut y être dérogé par accords collectifs locaux portant sur l'amélioration de la sécurité ou la prise en compte du développement durable, conclus conformément à l'article 42 de la loi n° 86-1290 du 23 décembre 1986 précitée.

Les charges locatives peuvent donner lieu au versement de provisions et doivent, en ce cas, faire l'objet d'une régularisation au moins annuelle. Les demandes de provisions sont justifiées par la communication de résultats antérieurs arrêtés lors de la précédente régularisation et, lorsque l'immeuble est soumis au statut de la copropriété ou lorsque le bailleur est une personne morale, par le budget prévisionnel.

Un mois avant cette régularisation, le bailleur en communique au locataire le décompte par nature de charges ainsi que, dans les immeubles collectifs, le mode de répartition entre les locataires. Durant un mois à compter de l'envoi de ce décompte, les pièces justificatives sont tenues à la disposition des locataires.

Pour l'application du présent article, le coût des services assurés dans le cadre d'un contrat d'entreprise ou d'un contrat d'achat d'électricité, d'énergie calorifique ou de gaz naturel combustible, distribués par réseaux correspond à la dépense, toutes taxes comprises, acquittée par le bailleur.

Article 23-1 - Lorsque des travaux d'économie d'énergie sont réalisés par le bailleur dans les parties privatives d'un logement ou dans les parties communes de l'immeuble, une contribution pour le partage des économies de charge peut être demandée au locataire du logement loué, à partir de la date d'achèvement des travaux, sous réserve que ces derniers lui bénéficient directement et qu'ils lui soient justifiés. Elle ne peut toutefois être exigible qu'à la condition qu'un ensemble de travaux ait été réalisé ou que le logement atteigne un niveau minimal de performance énergétique.

Cette participation, limitée au maximum à quinze ans, est inscrite sur l'avis d'échéance et portée sur la quittance remise au locataire. Son montant, fixe et non révisable, ne peut être supérieur à la moitié du montant de l'économie d'énergie estimée.

Un décret en Conseil d'État, pris après avis de la Commission nationale de concertation,

précise les conditions d'application du présent article, notamment la liste des travaux éligibles à réaliser et les niveaux minimaux de performance énergétique à atteindre, ainsi que les modalités d'évaluation des économies d'énergie, de calcul du montant de la participation demandée au locataire du logement et de contrôle de ces évaluations après travaux.

Article 24 - Toute clause prévoyant la résiliation de plein droit du contrat de location pour défaut de paiement du loyer ou des charges aux termes convenus ou pour non-versement du dépôt de garantie ne produit effet que deux mois après un commandement de payer demeuré infructueux.

À peine d'irrecevabilité de la demande, l'assignation aux fins de constat de la résiliation est notifiée à la diligence de l'huissier de justice au représentant de l'État dans le département, par lettre recommandée avec demande d'avis de réception, au moins deux mois avant l'audience, afin qu'il saisisse, en tant que de besoin, les organismes dont relèvent les aides au logement, le Fonds de solidarité pour le logement ou les services sociaux compétents. Le ou les services ou organismes saisis réalisent une enquête financière et sociale au cours de laquelle le locataire et le bailleur sont mis en mesure de présenter leurs observations ; le cas échéant, les observations écrites des intéressés sont jointes à l'enquête.

Le juge peut, même d'office, accorder des délais de paiement, dans les conditions prévues aux articles 1244-1 (premier alinéa) et 1244-2 du Code civil, au locataire en situation de régler sa dette locative.

Pendant le cours des délais ainsi accordés, les effets de la clause de résiliation de plein droit sont suspendus ; ces délais et les modalités de paiement accordés ne peuvent affecter l'exécution du contrat de location et notamment suspendre le paiement du loyer et des charges.

Si le locataire se libère dans le délai et selon les modalités fixés par le juge, la clause de résiliation de plein droit est réputée ne pas avoir joué ; dans le cas contraire, elle reprend son plein effet.

Le commandement de payer reproduit, à peine de nullité, les dispositions des alinéas précédents ainsi que du premier alinéa de l'article 6 de la loi n° 90-449 du 31 mai 1990 visant la mise en œuvre du droit au logement, en mentionnant la faculté pour le locataire de saisir le fonds de solidarité pour le logement dont l'adresse est précisée.

Lorsque les obligations résultant d'un contrat de location conclu en application du présent titre sont garanties par un cautionnement, le commandement de payer est signifié à la caution dans un délai de quinze jours à compter de la signification du commandement au locataire. À défaut, la caution ne peut être tenue au paiement des pénalités ou intérêts de retard.

Les dispositions du deuxième alinéa sont applicables aux assignations tendant au prononcé de la résiliation du bail lorsqu'elle est motivée par l'existence d'une dette locative du preneur. Elles sont également applicables aux demandes additionnelles et reconventionnelles aux fins de constat ou de prononcé de la résiliation motivées par l'existence d'une dette locative, la notifica-tion au représentant de l'État incombant au bailleur.

Article 24-1 - Lorsqu'un locataire a avec son bailleur un litige locatif ou lorsque plusieurs locataires ont avec un même bailleur un litige locatif ayant une origine commune, ils peuvent donner par écrit mandat d'agir en justice en leur nom et pour leur compte à une association siégeant à la Commission nationale de concertation et agréée à cette fin ; si le litige porte sur les caractéristiques du logement mentionnées aux premier et deuxième alinéas de l'article 6, ce mandat peut être donné en outre à une association dont l'un des objets est l'insertion ou le logement des personnes défavorisées ou à une association de défense des personnes en situation d'exclusion par le logement mentionnées à l'article 3 de la loi n° 90-449 du 31 mai 1990 visant à la mise en œuvre du droit au logement. Une association précitée peut assister ou représenter, selon les modalités définies à l'article 828 du Code de procédure civile, un locataire en cas de litige portant sur le respect des caractéristiques de décence de son logement.

Les dispositions de l'alinéa précédent sont applicables aux locataires des locaux mentionnés au deuxième alinéa de l'article 2 lorsque le litige locatif porte sur la décence du logement.

Code de la construction et de l'habitation

*(encadrant la location meublée à usage
de résidence principale du locataire)*

Article L. 632-1 - Toute personne qui loue un logement meublé, que la location s'accompagne ou non de prestations secondaires, bénéficie d'un contrat établi par écrit d'une durée d'un an dès lors que le logement loué constitue sa résidence principale. À l'expiration de ce contrat, le bail est tacitement reconduit pour un an sous réserve des dispositions suivantes.

Lorsque la location est consentie à un étudiant, la durée du bail peut être réduite à neuf mois. Dans ce cas, la clause de reconduction tacite prévue au premier alinéa est inapplicable.

Lorsque le contrat prévoit la révision du loyer, celle-ci intervient chaque année à la date convenue entre les parties ou, à défaut, au terme de chaque année du contrat. L'augmentation qui en résulte ne peut dépasser la variation de l'indice de référence des loyers mentionné au d de l'article 17 de la loi n° 89-462 du 6 juillet 1989 tendant à améliorer les rapports locatifs et portant modification de la loi n° 86-1290 du 23 décembre 1986.

Le bailleur qui souhaite, à l'expiration du contrat, en modifier les conditions doit informer le locataire avec un préavis de trois mois. Si le locataire accepte les nouvelles conditions, le contrat est renouvelé pour un an.

Le bailleur qui ne souhaite pas renouveler le contrat doit informer le locataire en respectant le même préavis et motiver son refus de renouvellement du bail soit par sa décision de reprendre ou de vendre le logement, soit par un motif légitime et sérieux, notamment l'inexécution par le locataire de l'une des obligations lui incombant.

Lorsque le bailleur est titulaire d'un bail commercial venant à expiration ou lorsque la cessation d'activité est prévue, le contrat peut être d'une durée inférieure à un an et doit mentionner les raisons et événements justificatifs.

Toutefois, si le bail commercial est renouvelé ou si l'activité est poursuivie, la durée du contrat est portée à un an.

Le locataire peut résilier le contrat à tout moment sous réserve du respect d'un préavis d'un mois.

À peine d'irrecevabilité de la demande, l'assignation par l'exploitant d'un établissement recevant du public aux fins d'hébergement, aux fins de constat de résiliation ou de prononcé de la résiliation du bail d'une personne dont le logement loué meublé constitue la résidence principale est notifiée, à la diligence de l'huissier de justice, au représentant de l'État dans le département, par lettre recommandée avec demande d'avis de réception, au moins un mois avant l'audience, afin qu'il informe les services compétents, notamment les organismes chargés du service des aides au logement et le fonds de solidarité pour le logement.

Décret n° 2002-120 du 30 janvier 2002

sur le logement décent

Article 1 - Un logement décent est un logement qui répond aux caractéristiques définies par le présent décret.

Article 2 - Le logement doit satisfaire aux conditions suivantes, au regard de la sécurité physique et de la santé des locataires :

1. Il assure le clos et le couvert. Le gros œuvre du logement et de ses accès est en bon état d'entretien et de solidité et protège les locaux contre les eaux de ruissellement et les remontées d'eau. Les menuiseries extérieures et la couverture avec ses raccords et accessoires assurent la protection contre les infiltrations d'eau dans l'habitation. Pour les logements situés dans les départements d'outre-mer, il peut être tenu compte, pour l'appréciation des conditions relatives à la protection contre les infiltrations d'eau, des conditions climatiques spécifiques à ces départements ;

2. Les dispositifs de retenue des personnes, dans le logement et ses accès, tels que garde-corps des fenêtres, escaliers, loggias et balcons, sont dans un état conforme à leur usage ;

3. La nature et l'état de conservation et d'entretien des matériaux de construction, des canalisations et des revêtements du logement ne présentent pas de risques manifestes pour la santé et la sécurité physique des locataires ;

4. Les réseaux et branchements d'électricité et de gaz et les équipements de chauffage et de production d'eau chaude sont conformes aux normes de sécurité définies par les lois et règlements et sont en bon état d'usage et de fonctionnement ;

5. Les dispositifs d'ouverture et de ventilation des logements permettent un renouvellement de l'air adapté aux besoins d'une occupation normale du logement et au fonctionnement des équipements ;

6. Les pièces principales, au sens du troisième alinéa de l'article R. 111-1 du Code de la construction et de l'habitation, bénéficient d'un éclairement naturel suffisant et d'un ouvrant donnant à l'air libre ou sur un volume vitré donnant à l'air libre.

Article 3 - Le logement comporte les éléments d'équipement et de confort suivants :

1. Une installation permettant un chauffage normal, munie des dispositifs d'alimentation en énergie et d'évacuation des produits de combustion et adaptée aux caractéristiques du logement. Pour les logements situés dans les départements d'outre-mer, il peut ne pas être fait application de ces dispositions lorsque les conditions climatiques le justifient ;

2. Une installation d'alimentation en eau potable assurant à l'intérieur du logement la distribution avec une pression et un débit suffisants pour l'utilisation normale de ses locataires ;

3. Des installations d'évacuation des eaux ménagères et des eaux-vannes empêchant le refoulement des odeurs et des effluents et munies de siphon ;

4. Une cuisine ou un coin cuisine aménagé de manière à recevoir un appareil de cuisson et comprenant un évier raccordé à une installation d'alimentation en eau chaude et froide et à une installation d'évacuation des eaux usées ;

5. Une installation sanitaire intérieure au logement comprenant un w.-c., séparé de la cuisine et de la pièce où sont pris les repas, et un équipement pour la toilette corporelle, comportant une baignoire ou une douche, aménagé de manière à garantir

l'intimité personnelle, alimenté en eau chaude et froide et muni d'une évacuation des eaux usées. L'installation sanitaire d'un logement d'une seule pièce peut être limitée à un w.-c. extérieur au logement à condition que ce w.-c. soit situé dans le même bâtiment et facilement accessible ;

6. Un réseau électrique permettant l'éclairage suffisant de toutes les pièces et des accès ainsi que le fonctionnement des appareils ménagers courants indispensables à la vie quotidienne.

Dans les logements situés dans les départements d'outre-mer, les dispositions relatives à l'alimentation en eau chaude prévues aux 4 et 5 ci-dessus ne sont pas applicables.

Article 4 - Le logement dispose au moins d'une pièce principale ayant soit une surface habitable au moins égale à 9 mètres carrés et une hauteur sous plafond au moins égale à 2,20 mètres, soit un volume habitable au moins égal à 20 mètres cubes.

La surface habitable et le volume habitable sont déterminés conformément aux dispositions des deuxième et troisième alinéas de l'article R. 111-2 du Code de la construction et de l'habitation.

Article 5 - Le logement qui fait l'objet d'un arrêté d'insalubrité ou de péril ne peut être considéré comme un logement décent.

Article 6 - Les travaux d'amélioration prévus à l'article 1er de la loi du 12 juillet 1967 susvisée sont ceux qui ont pour but exclusif de mettre les locaux en conformité avec tout ou partie des dispositions des articles 1er à 4 du présent décret, sans aboutir à dépasser les caractéristiques qui y sont définies.

Les articles 1er, 5 à 14 et 17 du décret du 9 novembre 1968 susvisé sont abrogés.

Charges récupérables

(Décret n° 87-713 du 26 août 1987)

Article 1 - La liste des charges récupérables prévue à l'article 18 de la loi du 23 décembre 1986 susvisée figure en annexe au présent décret.

Article 2 - Pour l'application du présent décret :

a) Il n'y a pas lieu de distinguer entre les services assurés par le bailleur en régie et les services assurés dans le cadre d'un contrat d'entreprise. Le coût des services assurés en régie inclut les dépenses de personnel d'encadrement technique chargé du contrôle direct du gardien, du concierge ou de l'employé d'immeuble ; ces dépenses d'encadrement sont exigibles au titre des charges récupérables à concurrence de 10 % de leur montant. Lorsqu'il existe un contrat d'entreprise, le bailleur doit s'assurer que ce contrat distingue les dépenses récupérables et les autres dépenses ;

b) Les dépenses de personnel récupérables correspondent à la rémunération et aux charges sociales et fiscales ;

c) Lorsque le gardien ou le concierge d'un immeuble ou d'un groupe d'immeubles assure, conformément à son contrat de travail, l'entretien des parties communes et l'élimination des rejets, les dépenses correspondant à sa rémunération et aux charges sociales et fiscales y afférentes sont exigibles au titre des charges récupérables à concurrence de 75 % de leur montant, y compris lorsqu'un tiers intervient pendant les repos hebdomadaires et les congés prévus dans les clauses de son contrat de travail, ainsi qu'en cas de force majeure, d'arrêt de travail ou en raison de l'impossibilité matérielle ou physique temporaire pour le gardien ou le concierge d'effectuer seul les deux tâches.

Ces dépenses ne sont exigibles qu'à concurrence de 40 % de leur montant lorsque le gardien ou le concierge n'assure, conformément à son contrat de travail, que l'une ou l'autre des deux tâches, y compris lorsqu'un tiers intervient pendant les repos hebdomadaires et les congés prévus dans les clauses de son contrat de travail, ainsi qu'en cas de force majeure, d'arrêt de travail ou en raison de l'impossibilité matérielle ou physique temporaire pour le gardien ou le concierge d'effectuer seul cette tâche.

Un couple de gardiens ou de concierges qui assure, dans le cadre d'un contrat de travail commun, l'entretien des parties communes et l'élimination des rejets est assimilé à un personnel unique pour l'application du présent article.

Les éléments suivants ne sont pas retenus dans les dépenses mentionnées dans les deux premiers alinéas :

– le salaire en nature ;

– l'intéressement et la participation aux bénéfices de l'entreprise ;

– les indemnités et primes de départ à la retraite ;

– les indemnités de licenciement ;

– la cotisation à une mutuelle prise en charge par l'employeur ou par le comité d'entreprise ;

– la participation de l'employeur au comité d'entreprise ;

– la participation de l'employeur à l'effort de construction ;

– la cotisation à la médecine du travail ;

d) Lorsqu'un employé d'immeuble assure, conformément à son contrat de travail, l'entretien des parties communes ou l'élimination des rejets, les dépenses correspondant à sa rémunération et aux charges sociales et fiscales y afférentes sont exigibles, en totalité, au titre des charges récupérables.

Les éléments suivants ne sont pas retenus dans les dépenses mentionnées dans l'alinéa précédent :
- le salaire en nature ;
- l'intéressement et la participation aux bénéfices de l'entreprise ;
- les indemnités et primes de départ à la retraite ;
- les indemnités de licenciement ;
- la cotisation à une mutuelle prise en charge par l'employeur ou par le comité d'entreprise ;
- la participation de l'employeur au comité d'entreprise ;
- la participation de l'employeur à l'effort de construction ;
- la cotisation à la médecine du travail.

e) Le remplacement d'éléments d'équipement n'est considéré comme assimilable aux menues réparations que si son coût est au plus égal au coût de celles-ci.

Article 3 - Pour l'application du présent décret, les dépenses afférentes à l'entretien courant et aux menues réparations d'installations individuelles, qui figurent au III du tableau annexé, sont récupérables lorsqu'elles sont effectuées par le bailleur au lieu et place du locataire.

Article 3 bis - Le présent décret est applicable en Polynésie française pour la mise en œuvre des dispositions de l'article 23 de la loi n° 89-462 du 6 juillet 1989.

Annexe
Liste des charges récupérables

I. - Ascenseurs et monte-charge

1. Dépenses d'électricité.

2. Dépenses d'exploitation, d'entretien courant, de menues réparations :

a) Exploitation :
- visite périodique, nettoyage et graissage des organes mécaniques ;
- examen semestriel des câbles et vérification annuelle des parachutes ;
- nettoyage annuel de la cuvette, du dessus de la cabine et de la machinerie ;
- dépannage ne nécessitant pas de réparations ou fournitures de pièces ;
- tenue d'un dossier par l'entreprise d'entretien mentionnant les visites techniques, incidents et faits importants touchant l'appareil.

b) Fournitures relatives à des produits ou à du petit matériel d'entretien (chiffons, graisses et huiles nécessaires) et aux lampes d'éclairage de la cabine.

c) Menues réparations :
- de la cabine (boutons d'envoi, paumelles de portes, contacts de portes, ferme portes automatiques, coulisseaux de cabine, dispositif de sécurité de seuil et cellule photoélectrique) ;
- des paliers (ferme portes mécaniques, électriques ou pneumatiques, serrures électromécaniques, contacts de porte et boutons d'appel) ;
- des balais du moteur et fusibles.

II. - Eau froide, eau chaude et chauffage collectif des locaux privatifs et des parties communes

1. Dépenses relatives :
- à l'eau froide et chaude des locataires ou occupants du bâtiment ou de l'ensemble des bâtiments d'habitation concernés ;
- à l'eau nécessaire à l'entretien courant des parties communes du ou desdits bâtiments, y compris la station d'épuration ;
- à l'eau nécessaire à l'entretien courant des espaces extérieurs ;
- les dépenses relatives à la consommation d'eau incluent l'ensemble des taxes et redevances ainsi que les sommes dues au titre de la redevance d'assainissement, à l'exclusion de celles auxquelles le proprié-

taire est astreint en application de l'article
L. 35-5 du Code de la santé publique ;
– aux produits nécessaires à l'exploitation, à
  l'entretien et au traitement de l'eau ;
– à l'électricité ;
– au combustible ou à la fourniture d'énergie, quelle que soit sa nature.

2. Dépenses d'exploitation, d'entretien
courant et de menues réparations :

a) Exploitation et entretien courant :
  – nettoyage des gicleurs, électrodes,
    filtres et clapets des brûleurs ;
  – entretien courant et graissage des
    pompes de relais, jauges, contrôleurs
    de niveau ainsi que des groupes
    motopompes et pompes de puisards ;
  – graissage des vannes et robinets et
    réfection des presse-étoupe ;
  – remplacement des ampoules des
    voyants lumineux et ampoules de
    chaufferie ;
  – entretien et réglage des appareils de
    régulation automatique et de leurs
    annexes ;
  – vérification et entretien des régula-
    teurs de tirage ;
  – réglage des vannes, robinets et tés ne
    comprenant pas l'équilibrage ;
  – purge des points de chauffage ;
  – frais de contrôles de combustion ;
  – entretien des épurateurs de fumée ;
  – opérations de mise en repos en fin de
    saison de chauffage, rinçage des
    corps de chauffe et tuyauteries, net-
    toyage de chaufferies, y compris leurs
    puisards et siphons, ramonage des
    chaudières, carneaux et cheminées ;
  – conduite de chauffage ;
  – frais de location d'entretien et de relevé
    des compteurs généraux et individuels ;
  – entretien de l'adoucisseur, du détar-
    treur d'eau, du surpresseur et du
    détendeur ;
  – contrôles périodiques visant à éviter
    les fuites de fluide frigorigène des
    pompes à chaleur ;
  – vérification, nettoyage et graissage
    des organes des pompes à chaleur ;
  – nettoyage périodique de la face exté-
    rieure des capteurs solaires ;
  – vérification, nettoyage et graissage
    des organes des capteurs solaires.

b) Menues réparations dans les parties
communes ou sur des éléments d'usage
commun :
  – réparation de fuites sur raccords et
    joints ;
  – remplacement des joints, clapets et
    presse-étoupe ;
  – rodage des sièges de clapets ;
  – menues réparations visant à remédier
    aux fuites de fluide frigorigène des
    pompes à chaleur ;
  – recharge en fluide frigorigène des
    pompes à chaleur.

III. - Installations individuelles

Chauffage et production d'eau chaude, distribution d'eau dans les parties privatives :

1. Dépenses d'alimentation commune de
combustible ;

2. Exploitation et entretien courant,
menues réparations :

a) Exploitation et entretien courant :
  – réglage de débit et température de
    l'eau chaude sanitaire ;
  – vérification et réglage des appareils
    de commande, d'asservissement, de
    sécurité d'aquastat et de pompe ;
  – dépannage ;
  – contrôle des raccordements et de l'ali-
    mentation des chauffe-eau électriques,
    contrôle de l'intensité absorbée ;
  – vérification de l'état des résistances,
    des thermostats, nettoyage ;
  – réglage des thermostats et contrôle
    de la température d'eau ;
  – contrôle et réfection d'étanchéité des
    raccordements eau froide - eau
    chaude ;
  – contrôle des groupes de sécurité ;
  – rodage des sièges de clapets des
    robinets ;

– réglage des mécanismes de chasses d'eau.

b) Menues réparations :
- remplacement des bilames, pistons, membranes, boîtes à eau, allumage piézoélectrique, clapets et joints des appareils à gaz ;
- rinçage et nettoyage des corps de chauffe et tuyauteries ;
- remplacement des joints, clapets et presse-étoupe des robinets ;
- remplacement des joints, flotteurs et joints cloches des chasses d'eau.

IV. - Parties communes intérieures au bâtiment ou à l'ensemble des bâtiments d'habitation

1. Dépenses relatives :
- à l'électricité ;
- aux fournitures consommables, notamment produits d'entretien, balais et petit matériel assimilé nécessaire à l'entretien de propreté, sel.

2. Exploitation et entretien courant, menues réparations :
a) Entretien de la minuterie, pose, dépose et entretien des tapis ;
b) Menues réparations des appareils d'entretien de propreté tels qu'aspirateur.

3. Entretien de propreté (frais de personnel).

V. - Espaces extérieurs au bâtiment ou à l'ensemble de bâtiments d'habitation (voies de circulation, aires de stationnement, abords et espaces verts, aires et équipements de jeux)

1. Dépenses relatives :
- à l'électricité ;
- à l'essence et huile ;
- aux fournitures consommables utilisées dans l'entretien courant : ampoules ou tubes d'éclairage, engrais, produits bactéricides et insecticides, produits tels que graines, fleurs, plants, plantes de remplacement, à l'exclusion de celles utilisées pour la réfection de massifs, plates-bandes ou haies.

2.
a) Exploitation et entretien courant :
Opérations de coupe, désherbage, sarclage, ratissage, nettoyage et arrosage concernant :
- les allées, aires de stationnement et abords ;
- les espaces verts (pelouses, massifs, arbustes, haies vives, plates-bandes) ;
- les aires de jeux ;
- les bassins, fontaines, caniveaux, canalisations d'évacuation des eaux pluviales ;
- entretien du matériel horticole ;
- remplacement du sable des bacs et du petit matériel de jeux.

b) Peinture et menues réparations des bancs de jardins et des équipements de jeux et grillages.

VI. - Hygiène

1. Dépenses de fournitures consommables :
- sacs en plastique et en papier nécessaires à l'élimination des rejets ;
- produits relatifs à la désinsectisation et à la désinfection, y compris des colonnes sèches de vide-ordures.

2. Exploitation et entretien courant :
- entretien et vidange des fosses d'aisances ;
- entretien des appareils de conditionnement des ordures.

3. Élimination des rejets (frais de personnel).

VII. - Équipements divers du bâtiment ou de l'ensemble de bâtiments d'habitation

1. La fourniture d'énergie nécessaire à la ventilation mécanique.

2. Exploitation et entretien courant :
- ramonage des conduits de ventilation ;
- entretien de la ventilation mécanique ;
- entretien des dispositifs d'ouverture automatique ou codée et des interphones ;
- visites périodiques à l'exception des contrôles réglementaires de sécurité, net-

toyage et graissage de l'appareillage fixe de manutention des nacelles de nettoyage des façades vitrées.

3. Divers :

– abonnement des postes de téléphone à la disposition des locataires.

VIII. - Impositions et redevances

– Droit de bail.
– Taxe ou redevance d'enlèvement des ordures ménagères.
– Taxe de balayage.

Réparations locatives

(Décret n° 87-712 du 26 août 1987)

Article 1 - Sont des réparations locatives les travaux d'entretien courant, et de menues réparations, y compris les remplacements d'éléments assimilables auxdites réparations, consécutifs à l'usage normal des locaux et équipements à usage privatif.

Ont notamment le caractère de réparations locatives les réparations énumérées en annexe au présent décret.

Annexe
Liste de réparations ayant le caractère de réparations locatives

I. - Parties extérieures dont le locataire a l'usage exclusif

a) Jardins privatifs :
- entretien courant, notamment des allées, pelouses, massifs, bassins et piscines ; taille, élagage, échenillage des arbres et arbustes ;
- remplacement des arbustes ; réparation et remplacement des installations mobiles d'arrosage.

b) Auvents, terrasses et marquises :
- enlèvement de la mousse et des autres végétaux.

c) Descentes d'eaux pluviales, chéneaux et gouttières :
- dégorgement des conduits.

II. - Ouvertures intérieures et extérieures

a) Sections ouvrantes telles que portes et fenêtres :
- graissage des gonds, paumelles et charnières ;
- menues réparations des boutons et poignées de portes, des gonds, crémones et espagnolettes ; remplacement notamment de boulons, clavettes et targettes.

b) Vitrages :
- réfection des mastics ;
- remplacement des vitres détériorées.

c) Dispositifs d'occultation de la lumière tels que stores et jalousies :
- graissage ;
- remplacement notamment de cordes, poulies ou de quelques lames.

d) Serrures et verrous de sécurité :
- graissage ;
- remplacement de petites pièces ainsi que des clés égarées ou détériorées.

e) Grilles :
- nettoyage et graissage ;
- remplacement notamment de boulons, clavettes, targettes.

III. - Parties intérieures

a) Plafonds, murs intérieurs et cloisons :
- maintien en état de propreté ;
- menus raccords de peintures et tapisseries ; remise en place ou remplacement de quelques éléments des matériaux de revêtement tels que faïence, mosaïque, matière plastique ; rebouchage des trous rendu assimilable à une réparation par le nombre, la dimension et l'emplacement de ceux-ci.

b) Parquets, moquettes et autres revêtements de sol :
- encaustiquage et entretien courant de la vitrification ;
- remplacement de quelques lames de parquets et remise en état, pose de raccords de moquettes et autres revêtements de sol, notamment en cas de taches et de trous.

c) Placards et menuiseries telles que plinthes, baguettes et moulures :
- remplacement des tablettes et tasseaux de placard et réparation de leur dispositif de fermeture ; fixation de

raccords et remplacement de pointes de menuiseries.

IV. - Installations de plomberie

a) Canalisations d'eau :
- dégorgement :
- remplacement notamment de joints et de colliers.

b) Canalisations de gaz :
- entretien courant des robinets, siphons et ouvertures d'aération ;
- remplacement périodique des tuyaux souples de raccordement.

c) Fosses septiques, puisards et fosses d'aisances :
- vidange.

d) Chauffage, production d'eau chaude et robinetterie :
- remplacement des bilames, pistons, membranes, boîtes à eau, allumage piézoélectrique, clapets et joints des appareils à gaz ;
- rinçage et nettoyage des corps de chauffe et tuyauteries ;
- remplacement des joints, clapets et presse-étoupe des robinets ;
- remplacement des joints, flotteurs et joints cloches des chasses d'eau.

e) Éviers et appareils sanitaires :
- nettoyage des dépôts de calcaire, remplacement des tuyaux flexibles de douches.

V. - Équipements d'installations d'électricité

Remplacement des interrupteurs, prises de courant, coupe-circuits et fusibles, des ampoules, tubes lumineux ; réparation ou remplacement des baguettes ou gaines de protection.

VI. - Autres équipements mentionnés au contrat de location

a) Entretien courant et menues réparations des appareils tels que réfrigérateurs, machines à laver le linge et la vaisselle, sèche-linge, hottes aspirantes, adoucisseurs, capteurs solaires, pompes à chaleur, appareils de conditionnement d'air, antennes individuelles de radio-diffusion et de télévision, meubles scellés, cheminées, glaces et miroirs ;

b) Menues réparations nécessitées par la dépose des bourrelets ;

c) Graissage et remplacement des joints des vidoirs ;

d) Ramonage des conduits d'évacuation des fumées et des gaz et conduits de ventilation.

Diagnostic de performance énergétique

(Code de la construction et de l'habitation)

Article L. 134-1 - Le diagnostic de performance énergétique d'un bâtiment ou d'une partie de bâtiment est un document qui comprend la quantité d'énergie effectivement consommée ou estimée pour une utilisation standardisée du bâtiment ou de la partie de bâtiment et une classification en fonction de valeurs de référence afin que les consommateurs puissent comparer et évaluer sa performance énergétique. Il est accompagné de recommandations destinées à améliorer cette performance.

Il est établi par une personne répondant aux conditions prévues par l'article L. 271-6.

Sa durée de validité est fixée par décret.

Article L. 134-3 - En cas de vente de tout ou partie d'un immeuble bâti, le diagnostic de performance énergétique est communiqué à l'acquéreur dans les conditions et selon les modalités prévues aux articles L. 271-4 à L. 271-6.

Lorsque l'immeuble est offert à la vente ou à la location, le propriétaire tient le diagnostic de performance énergétique à la disposition de tout candidat acquéreur ou locataire.

Article L. 134-3-1 - En cas de location de tout ou partie d'un immeuble bâti, le diagnostic de performance énergétique prévu par l'article L. 134-1 est joint à des fins d'information au contrat de location lors de sa conclusion, sauf s'il s'agit d'un contrat de bail rural ou lorsque ce sont des contrats de location saisonnière.

Le locataire ne peut se prévaloir à l'encontre du bailleur des informations contenues dans le diagnostic de performance énergétique.

Article L. 134-4-3 - À compter du 1er janvier 2011, en cas de vente ou de location d'un bien immobilier, le classement du bien au regard de sa performance énergétique est mentionné dans les annonces relatives à la vente ou la location, selon des modalités définies par décret en Conseil d'État.

Changement d'usage des locaux

(Code de la construction et de l'habitation)

Article L. 631-7 - La présente section est applicable aux communes de plus de 200 000 habitants et à celles des départements des Hauts-de-Seine, de la Seine-Saint-Denis et du Val-de-Marne. Dans ces communes, le changement d'usage des locaux destinés à l'habitation est, dans les conditions fixées par l'article L. 631-7-1, soumis à autorisation préalable.

Constituent des locaux destinés à l'habitation toutes catégories de logements et leurs annexes, y compris les logements foyers, logements de gardien, chambres de service, logements de fonction, logements inclus dans un bail commercial, locaux meublés donnés en location dans les conditions de l'article L. 632-1.

Pour l'application de la présente section, un local est réputé à usage d'habitation s'il était affecté à cet usage au 1er janvier 1970. Cette affectation peut être établie par tout mode de preuve. Les locaux construits ou faisant l'objet de travaux ayant pour conséquence d'en changer la destination postérieurement au 1er janvier 1970 sont réputés avoir l'usage pour lequel la construction ou les travaux sont autorisés.

Toutefois, lorsqu'une autorisation administrative subordonnée à une compensation a été accordée après le 1er janvier 1970 pour changer l'usage d'un local mentionné à l'alinéa précédent, le local autorisé à changer d'usage et le local ayant servi de compensation sont réputés avoir l'usage résultant de l'autorisation.

Sont nuls de plein droit tous accords ou conventions conclus en violation du présent article.

Article L. 631-7-1 - L'autorisation préalable au changement d'usage est délivrée par le maire de la commune dans laquelle est situé l'immeuble, après avis, à Paris, Marseille et Lyon, du maire d'arrondissement concerné. Elle peut être subordonnée à une compensation sous la forme de la transformation concomitante en habitation de locaux ayant un autre usage.

L'autorisation de changement d'usage est accordée à titre personnel. Elle cesse de produire effet lorsqu'il est mis fin, à titre définitif, pour quelque raison que ce soit, à l'exercice professionnel du bénéficiaire. Toutefois, lorsque l'autorisation est subordonnée à une compensation, le titre est attaché au local et non à la personne. Les locaux offerts en compensation sont mentionnés dans l'autorisation qui est publiée au fichier immobilier ou inscrite au livre foncier.

L'usage des locaux définis à l'article L. 631-7 n'est en aucun cas affecté par la prescription trentenaire prévue par l'article 2227 du Code civil.

Pour l'application de l'article L. 631-7, une délibération du conseil municipal fixe les conditions dans lesquelles sont délivrées les autorisations et déterminées les compensations par quartier et, le cas échéant, par arrondissement, au regard des objectifs de mixité sociale, en fonction notamment des caractéristiques des marchés de locaux d'habitation et de la nécessité de ne pas aggraver la pénurie de logements. Si la commune est membre d'un établissement public de coopération intercommunale compétent en matière de plan local d'urbanisme, la délibération est prise par l'organe délibérant de cet établissement.

Article L. 651-2 - Toute personne qui enfreint les dispositions de l'article L. 631-7 ou qui ne se conforme pas aux conditions ou obligations imposées en application dudit article est condamnée à une amende de 25 000 euros.

Cette amende est prononcée à la requête du ministère public par le président du tribunal de grande instance du lieu de l'immeuble, statuant en référé ; le produit en est intégralement versé à l'agence nationale de l'habitat.

Le président du tribunal ordonne le retour à l'habitation des locaux transformés sans autorisation dans un délai qu'il fixe. À l'expiration de celui-ci, il prononce une astreinte d'un montant maximal de 1 000 euros par jour et par mètre carré utile des locaux irrégulièrement transformés.

Passé ce délai, l'administration peut procéder d'office, aux frais du contrevenant, à l'expulsion des occupants et à l'exécution des travaux nécessaires.

Index

A

B

C

www.ingramcontent.com/pod-product-compliance
Lightning Source LLC
La Vergne TN
LVHW010620060726
842527LV00013B/3057